Tiempo
de ser
Padres

El regalo más valioso

ELENA SORIA

grafohouse

Seattle, Washington | Guadalajara, Mexico

I0141087

Tiempo de ser padres: El regalo más valioso
© 2022 Elena Soria (Elena Peña Contreras)

Publicado por Grafo House Publishing
Guadalajara, Jalisco, México
En asociación con Jaquith Creative, una agencia creativa y literaria
Seattle, Washington, EUA; jaquithcreative.com

ISBN pasta blanda 978-1-949791-75-4
ISBN libro electrónico 978-1-949791-76-1
Library of Congress Control Number: 2022916290

Para más información sobre este título, incluyendo ventas por mayoreo, o para comunicarse con la autora, visite la página www.elenasoria.com

Diseño de portada por Olivia Fregoso Medrano
behance.net/oliviafregosomedrano

Todas las citas bíblicas son de la Santa Biblia, Nueva Versión Internacional, Copyright © 1973, 1978, 1984, 2011 por Biblica, Inc. Usado con permiso.
Todos los derechos reservados.

Las opiniones expresadas en el presente documento son de exclusiva responsabilidad de la autora y no representan, necesariamente, la opinión de la editorial. Algunos nombres han sido cambiados para proteger la privacidad de las personas.

Todos los derechos reservados en todo el mundo. Ningún fragmento de esta publicación puede ser reproducido, distribuido o transmitido en ninguna forma o bajo ningún medio, incluyendo fotocopia, grabación u otros métodos electrónicos o mecánicos, sin contar con la previa autorización escrita de la editorial, a excepción del caso de citas breves incorporadas en revisiones críticas y otros ciertos usos no comerciales permitidos por las leyes de derechos de autor.

Impreso en EUA
Primera Edición 25 24 23 22   1 2 3 4 5

Elogio para el libro

En la era de Google, Yahoo y tantas fuentes de información, uno pensaría que el tema de familia y valores sería algo de lo que sobra hablar o escribir. Pero no es el caso. Las estadísticas demuestran que a pesar de ser parte de la era de la información, esta generación es la más decadente de carácter y formación paterna. Por eso me encanta como Elena Soria, en *Tiempo de Ser Padres*, explica y lleva al lector en un proceso sencillo de formación e información. La dirección que nos da para ser padres conectados con nuestros hijos es un invaluable y urgente mensaje para muchos padres alrededor del mundo. Sí es posible crecer y mejorar nuestra condición familiar si tan solo nos hacemos de las herramientas fundamentales que vemos y aprendemos en *Tiempo de Ser Padres*. Disfruta esta lectura; tus hijos te lo agradecerán.
—**José Mayorquín, director de La Roca CC**

No hay duda que estamos viviendo tiempos difíciles, y la autora de esta obra, Elena Soria, aporta sus experiencias como educadora, mamá y psicóloga familiar. Tengo el privilegio de ser su amiga y he sido testigo de su trabajo docente y familiar. Este libro te cautivará porque ofrece mucha sabiduría práctica necesaria para quienes están enfrentando como padres problemas que nos parecen imposibles de superar. Este libro te guiará por medio de estrategias didácticas sencillas, valores y buenos hábitos para lograr ser mejores padres y disfrutar de este privilegio, así como agradecer el regalo más valioso de ser padres. ¡Te lo recomiendo!
—**Mag. Verónica Contreras, maestra**

Como psicoterapeuta infantil y familiar, recomiendo mucho este libro. Es fácil de leer, entender e identificarte porque habla desde un corazón sincero, desde experiencias personales de una mamá que ama pero se reconoce imperfecta al igual que todos nosotros. Está escrito de manera divertida; pasas de reír a sentir quebrantado tu corazón, punto necesario para sanar, y después, vuelves a reír a darte cuenta de que no estás solo, que no eres el único o la única, que lo que experimentas es común, pero no normal. Es tiempo de sanar y tiempo de cambiar. ¡Es tiempo de ser padres!
—Mag. Lorena Pérez, psicoterapeuta

Me atrevo a decir que lo que vas a leer en este libro es un conjunto de experiencias y enseñanzas que todo niño desearía que sus padres escucharan. Como psicoterapeuta familiar y madre de un niño pequeño, creo que al leer este libro tendrás un conocimiento más claro del verdadero corazón de tu hijo. La autora revela de una manera sencilla la raíz de muchos de los problemas que cualquier terapeuta atiende hoy en día en consulta. Es una voz que aboga por los niños de nuestra sociedad desde una perspectiva de empatía y esperanza pero sobre todo una guía práctica de cómo desarrollar y mantener amor y conexión con tus hijos.
—Elizabeth Wilson, LMFT, M.A, psicoterapeuta

A mi esposo:
Andrew, amo todo de ti.
Cada minuto es un regalo a tu lado.

A mis hijas:
Alena, Andrea y Alexa,
la profundidad del amor que tengo
por ustedes no se puede medir.
Es un privilegio ser su mamá.

Prólogo

Ser padres es un privilegio y una aventura. Es la posibilidad de subirse a la mejor montaña rusa del mundo y de preguntarte por qué te subiste en cada nueva curva. Incluye momentos mansos aunque de anticipación y momentos bruscos llenos de adrenalina, y superar esas caídas libres con el corazón sano no es para improvisados.

Por eso me gusta lo que vas a leer en este libro. Anticipar y planear son dos medidas que continuamente te ayudarán a crear los mejores escenarios posibles para tu paternidad o maternidad. Te pondrán en ventaja en vez de en reacción, aunque sin dudas, tus hijos te sorprenderán de tanto en tanto.

Elena hace en este libro un trabajo ordenado y honesto que te ayudará a comprender mejor las distintas temporadas y procesos que te tocará enfrentar, y en estas páginas encontrarás un oasis de ideas para navegar los veranos y los inviernos que a todos nos toca pasar con nuestros más preciados tesoros.

Este es sin dudas un libro práctico, pero me emociona que a la vez es empático y no tiene temor al matiz de la vulnerabilidad. Léelo con atención y toma nota, no solo para sobrevivir a la presente aventura, sino para llegar a ser la clase de madre, padre o adulto que quieres que tus hijos lleguen a ser.

Dr. Lucas Leys
Autor y fundador de e625.com

Índice

Introducción: Hijos valiosos y padres preparados

Pensé por primera vez en la posibilidad de escribir este libro en el 2013. En ese entonces, tenía dos niñas pequeñitas y estaba embarazada de mi tercera hija. Recuerdo que pasaban ya de las dos de la tarde, y me encontraba en mi oficina, a punto de terminar mi jornada de trabajo como parte de la directiva de una escuela. Había atendido siete citas a lo largo de la mañana. A pesar de haber hablado con padres, hijos y maestros durante este tiempo, mi pensamiento estaba centrado en mi última cita. Se trataba de un matrimonio, padres de un niño de casi tres años que apenas comenzaba su etapa escolar y de una bebé de tan solo dos meses.

Podría resumir mi conversación con esta pareja joven en tres palabras: temor, culpa y frustración. Estaban tan agobiados de no reconocer las raíces, y esto aumentaba su nivel de desesperación. En nuestra conversación, escuché frases como: "Si me ayudaras más", "Yo sola no puedo con todo", "Reconocemos que es nuestra culpa", "Es que ya no tenemos remedio", "Somos pésimos padres" y "Tal vez nuestros hijos estarían mejor si nos separamos", entre otras.

No dudaba de su sinceridad. De hecho, su hijo de tres años demostraba en la escuela que algo estaba mal en casa. Cada día llegaba llorando, y luego el llanto se transformaba en furia, y terminaba pegándole a sus compañeros. Sin embargo, después de un rato así, siempre se tranquilizaba. Aunque su comportamiento fue el motivo de la cita, era obvio que había una situación en casa que se tenía que atender.

Al platicar con la pareja —frustrada, pero también sincera y abierta a sugerencias— nos dimos cuenta de que una de las raíces principales de la culpa y ansiedad que les afectaban tanto era la nueva etapa que vivían como padres de un recién nacido. No eran "nuevo padres" como tal, porque ya tenían tres años de experiencia. Pero, visto de otro modo, sí eran padres novatos, porque tener *dos* hijos es muy diferente a tener *uno*,[1] y tener un hijo en la *escuela* es muy diferente a tenerlo en *casa*.[2] Su etapa había cambiado, y tenían que entenderlo y hacer los ajustes correspondientes.

Sin entrar en detalles, concluimos que gran parte del conflicto con el niño de tres años se debía a que justo cuando nació su hermanito, él entró a clases. Entonces relacionaba la separación cada día con la atención que los papás le daban a su hermanito, y esto aumentaba su ansiedad. El cuadro se complicó porque algún amigo o familiar les había sugerido (con buenas intenciones pero poco conocimiento) que el comportamiento de su hijo se debía a un trastorno serio, y eso les causaba mucho temor. Los padres dormían muy poco, ya que el bebé requería de mucha atención día y noche. Y por si fuera poco, su matrimonio no iba bien. Había conflictos y falta de entendimiento con respecto a la división del trabajo en casa. Todo esto —su cansancio físico y mental, el estrés provocado por el comportamiento de su hijo mayor, la culpa que sentían cuando el estrés y fatiga producían en ellos arranques de ira, la tensión matrimonial— les hacía creer que eran terribles padres que estaban a punto de arruinarlo todo.

Casi sin darme cuenta, yo también estaba buscando ayuda.

A su vez, me alegraba saber que estaban dando el primer paso. Reconocían que necesitaban ayuda, y no solo eso, sino que la estaban pidiendo. Después de escucharlos, los dirigí a ver sus problemas desde fuera, a extenderse misericordia el uno al otro y a ellos mismos, a perdonarse y a no tomar decisiones radicales en medio de una temporada difícil. Les di consejo, y les proporcioné algunas herramientas que pudieran facilitar el proceso por el que estaban pasando.

Al final, esa conversación terminó en la reconciliación de una pareja y en el comienzo de un proceso de mantenerse a flote, de reconocer sus aciertos y sus áreas de oportunidad. Llegaron a acuerdos, se perdonaron y se llevaron a casa tarea para aplicarla más tarde. No fue la última cita, sino que siguieron trabajando en su relación matrimonial y familiar. Me alegra decir que la historia tuvo un muy buen final.

Sin embargo, cuando se fueron ese día, pasó algo que nunca voy a olvidar. En teoría, había sido solo una conversación más. Una de muchas, propia de mi trabajo. Pero cuando estaba sola en mi oficina, me quedé ahí, inmóvil, viendo al techo blanco con una clara inquietud.

Me percaté de que yo también estaba experimentando emociones. Por un lado, tenía un sentimiento de satisfacción: me alegraba poder compartir un poco de mi experiencia. Recuerdo que sonreí casi instintivamente. Inspirar ánimo y esperanza en estos papás me hacía sentir bien.

En el fondo, sin embargo, me sentía tan abrumada como ellos. Compartía muchas de sus dudas, y reconocía esa sensación de temor a lo desconocido. Casi sin darme cuenta, yo también estaba buscando ayuda.

Tomé mi pluma y en unas hojas blancas comencé a escribir los consejos que había dado durante el día. No quería olvidarlos. Más bien, ¡yo necesitaba seguirlos aplicando! Luego, busqué en mis archivos y repasé las hojas de minutas de mis citas, escritas y firmadas por mí: los problemas, los acuerdos, las tareas, el seguimiento. Al cabo de casi una hora, mi escritorio estaba lleno de hojas y mi computadora tenía innumerables pestañas abiertas con archivos allí guardados.

Fue entonces que se sembró una pregunta sencilla en mi mente: ¿qué pasaría si compartiera esto con más padres?

Aquí tienes el resultado de ese pensamiento. Lo que estás a punto de leer no es solo el resultado de mucho estudio: es la recopilación de experiencias tan individuales como triviales, tan particulares como usuales. Encontrarás historias de otros contextos familiares y, por supuesto, de padres imperfectos con sensación de logro y fracaso a la vez, tan comunes como tú y yo. Vamos también a considerar lo que la psicología y medicina nos dicen acerca del desarrollo de los niños y sus necesidades básicas para así desempeñar nuestro rol con menos frustración y culpabilidad y con más alegría y eficacia.

Siempre me ha apasionado el tema de la familia y el desarrollo de los niños. Estudié una licenciatura en educación preescolar, luego obtuve maestrías en psicología familiar, terapia infantil breve y educación Montessori. Desde el 2002, he trabajado en educación y orientación familiar, formando parte de la directiva de una escuela privada, y en el 2007 empecé a ejercer la carrera de consejería y terapia familiar. A lo largo de mi carrera como terapeuta y educadora, he cursado diplomados en diversos temas relacionados a la paternidad y crianza de los niños, incluyendo la neuroeducación, la psicoterapia infantil, el desarrollo del cerebro adolescente y la intervención psicológica en trastornos psicosomáticos.

Todo esto me ha llevado, no a tener todas las respuestas, sino a conocer las preguntas y los retos que los padres tenemos. He aprendido que hay mucha esperanza para la familia ya que enfrentamos desafíos similares y podemos aprender juntos de la ciencia y la experiencia humana. No es posible en un solo libro abarcar todo lo que implica la paternidad, entonces lo que trato aquí son los temas, las dudas y las luchas que más encuentro en mis pláticas con padres, adolescentes e hijos. Tienen que ver con lo que escucho y atiendo de todo tipo de hogar: padres que viven en pareja, padres divorciados, madres o padres solteros y mucho más.

Vas a descubrir que frecuentemente hago referencia a mis experiencias como mamá, consejera y educadora. Hago esto porque solo puedo hablar desde mi punto de vista, no porque mis experiencias sean universales o definitivas. Junto con reflexionar sobre el contenido de este libro, entonces, te invito a tomar en cuenta tu propia perspectiva y lógica, además de explorar otras fuentes de información. No pretendo ser una experta absoluta en todo esto: busco usar la ciencia y la experiencia práctica para ayudar a contestar dudas reales que los padres tenemos.

Tus hijos son el regalo más precioso para ti, y tú también lo eres para ellos.

Desafortunadamente, lo que aquella pareja expresó —temor, culpa y frustración— describe la paternidad que muchos experimentan. Incluso yo me identificaba con ellos en ese momento, y me imagino que tú también te puedes ver reflejado en, por lo menos, una parte de lo que vivían. Ser mamá o papá no es cosa sencilla. ¡Pero tampoco es un reto imposible! Todo lo contrario: como dice el subtítulo, tus hijos son el regalo más precioso para ti, y tú también lo eres para ellos.

Ser buenos padres no requiere de habilidades sobrenaturales, sino de humildad, paciencia, valentía, determinación y, sobre todo, *decisión*. Tienes que creer en ti mismo y tomar la iniciativa para aprender, para crecer, para superar.[3] Nadie aprende o crece sin esfuerzo, y todo esfuerzo por crecer da buenos frutos. Ahora es el momento de tomar esta decisión y abrazar el hermoso llamado que tienes como mamá o papá.

El título de este libro, *Tiempo de ser padres*, habla de esta decisión. Es una decisión tanto importante como urgente. El tiempo vuela, y no lo puedes recuperar; así que no hay que desperdiciarlo. Estos primeros años son los más formativos para tus hijos, como ya sabes. Están aprendiendo no solamente a caminar, hablar y estudiar, sino a ser *personas*. Están descubriendo quiénes son, cómo deben actuar, qué quieren lograr.

¿Sabes de quién aprenden todo esto? Principalmente de ti y del resto de la familia. El hogar es su lugar seguro donde pueden aprender a prueba y error, sabiendo que encontrarán aceptación y apoyo siempre. Tu inversión en su vida ahora producirá grandes recompensas más adelante.

Cada padre, madre, hijo y cada hogar son diferentes, por supuesto. No pretendo dar soluciones universales o garantizadas, ya que esto sería imposible. Más bien, anhelo caminar juntos en esta experiencia de ser padres. Buscaremos entender mejor a nuestros hijos para establecer una conexión auténtica y amorosa con ellos, cubriendo sus necesidades y proveyendo la formación, valores, disciplina y sabiduría que necesitan para triunfar.

Estoy segura de que este libro cambiará tu manera de ver la paternidad. Al final de cuentas, ellos son nuestro regalo más valioso. Es tiempo de ser los padres que ellos se merecen.

1. La paternidad se disfruta

Si pasas toda tu vida esperando la tormenta,
nunca disfrutarás del sol.

—Morris West

Tengo muy presente la primera Navidad que pasamos mi esposo y yo como padres. Era una temporada económicamente difícil para nosotros, pero anhelábamos darle lo que considerábamos (según nosotros) el mejor regalo de Navidad a nuestra primera bebé de un año recién cumplido. El problema era que el costo de dicho regalo estaba fuera de nuestro presupuesto. Conforme pasaban las semanas, ahorramos todo lo que podíamos para llegar a la meta. Faltando solo un par de días para el tan esperado 25 de diciembre, con esfuerzo y mucha alegría, logramos nuestro cometido y, con orgullo, nos dirigimos a la tienda a comprarle ese regalo que se veía tan bello debajo de nuestro no tan bien decorado árbol de Navidad.

Aún recuerdo el sentimiento de satisfacción que ambos teníamos. Nos veíamos el uno al otro con complicidad mientras yo ayudaba a mi bebé a romper la envoltura. Como tal vez ya te estés imaginando, los sorprendidos fuimos nosotros mientras veíamos como nuestra hija se distraía con el papel, el dibujo y el listón de la envoltura sin mostrar tanta emoción por el regalo en sí. Aplaudía, pero solo de forma instintiva porque veía que todos a su alrededor mostrábamos esa emoción que esperábamos que ella tuviera.

Mi esposo sacó el regalo de la caja y comenzamos a armarlo (seguramente ese era el problema, ¿no?). Cuando finalmente estaba terminado, la acercamos al gran juguete, pero ella solo manipuló algunas cosas, y después de unos minutos, ¡se metió a la caja! Sí, esa caja que yo estaba a punto de tirar a la basura. Entraba y se escondía jugando mientras preguntaba llena de emoción con su poco vocabulario: "¿Dónde está?" para salir y gritar seguido de una carcajada, "¡Aquí!".

Ese día fue la primera vez que caí en cuenta de algo: nosotros estábamos comprando un juguete para que nuestra hija se entretuviera, pero ella solo deseaba algo para jugar con nosotros. Nosotros no sabíamos lo que ella realmente valoraba. Nos esforzamos por conseguir algo maravilloso cuando en realidad la maravilla para ella era estar con nosotros.

Me he dado cuenta de que este tipo de situaciones (errores o inferencias) que los padres cometemos son muy comunes. Lo veo seguido cuando estoy con los papás de mis alumnos. Una parte importante de mi trabajo consiste en estar enfocada en la labor con padres e hijos, realizando actividades como mañanas de trabajo, días deportivos, matrogimnasias y todo tipo de ejercicios y talleres en los que está involucrada la interacción entre padres e hijos.

Es muy gratificante ver a los padres correr, gatear, competir, trepar en los juegos y realizar actividades que quizá no han hecho durante décadas. Sin embargo, también he podido observar que algunos de ellos se preocupan más por terminar la actividad que por experimentarla. Quizá —en parte— es porque las actividades cansan físicamente; pero creo que también es porque estamos socialmente acostumbrados a valorar la eficiencia y los logros. Algunos parecen creer que "jugar" es una pérdida de tiempo. Y, además, sumamente cansado.

Los niños, sin embargo, hacen todo lo contrario. Casi explotan de felicidad porque sus papás los están acompañando en la escuela. En vez de hablar de las instalaciones o los juegos, hablan de la emoción desbordante que sienten porque sus papás hayan asistido. No quieren que el día se acabe. De hecho, si fuera por ellos, sus papás los acompañarían todos los días.

Qué diferencia, ¿no? Mientras los padres se enfocan en cumplir con las actividades, sobrevivir el ejercicio no acostumbrado y evaluar las instalaciones y a los maestros, los niños simplemente disfrutan de un día glorioso, gozando de la atención total de sus padres. En una ocasión una niña de ocho años me mencionó, "¿Sabes que mis papás tenían mucho trabajo hoy? Pero ellos dejaron todo lo que tenían que hacer para estar aquí conmigo".

En mis consultas, hay un ejercicio que he trabajado con los padres durante muchos años. Les pido que anoten rápidamente las diez cosas que más disfrutan de ser padres. Si te lo preguntara a ti, ¿qué contestarías? Te comparto algunas de las respuestas más comunes:

- Abrazarlos y besarlos.
- Verlos jugar.
- Verlos felices.
- Reírme con ellos.
- Ver su mirada de admiración.
- Verlos alcanzar logros.
- Verlos vencer miedos.
- Enseñarles cosas nuevas.

En este ejercicio, les pido también analizar su lista y decirme cuántas de las cosas que anotaron tienen que ver con *ellos* y cuántas con sus *hijos*. Cómo te has de imaginar viendo la lista anterior, la mayoría tienen que ver con los hijos. ¿Por qué? Porque los padres, en general, nos deleitamos en facilitar el éxito y la alegría de nuestros hijos. Nos nace buscar su bienestar, y nosotros estamos contentos cuando vemos que ellos están contentos.

¿Por qué digo todo esto? Tanto en los días de actividades en la escuela como en mis cuestionarios con los padres y mis conversaciones con los niños, he notado algo importante. Por lo general, *los padres buscan ver a sus hijos felices* mientras que *los hijos son felices en nuestra compañía*. Por eso los niños y los padres somos tan distintos.

Este punto es muy importante. Si nosotros queremos que disfruten la vida, y si lo que más disfrutan es estar con nosotros, entonces también debemos valorar el estar con ellos. A veces nos estresamos y nos distraemos tanto queriendo ser padres responsables y perfectos que se nos olvida aprovechar los años que los tenemos a nuestro lado.

La conclusión del ejercicio con los padres consiste en responder a una última pregunta: ¿cada cuánto haces con tus hijos lo que disfrutas de ser padre?

El reto más grande que tenemos los padres es aprender a estar *con* nuestros hijos. Los padres pasamos la mayor parte del tiempo haciendo cosas *para* o *por* nuestros hijos.[4] Sabemos trabajar para ellos, comprar cosas para ellos y hacer sacrificios increíbles por ellos, pero pareciera que no sabemos simplemente estar *con* ellos. El diario vivir, nuestra sociedad, la prisa, las preocupaciones, el estrés, los estereotipos, las ideas preconcebidas, nuestra vanidad, el qué dirán, nuestras inseguridades: todos estos conceptos irreales que viven en nuestra mente nos roban este regalo tan hermoso que es la capacidad de disfrutar.

Los hijos son un regalo

Una de las cosas más importantes en cuanto a la paternidad es que disfrutemos de esta particular responsabilidad.[5] Que disfrutemos del sonido de las risas, de las interminables pláticas, de "no hacer nada" con ellos, de comer un helado en su compañía sin preocuparnos por las calorías, de dormir junto a alguien que anhela solo estar con nosotros.

Me encanta cómo la Biblia describe a los hijos: "los hijos son un regalo del Señor" (Salmo 127:3). Esa frase se escribió hace unos tres mil años, pero sigue siendo un buen recordatorio en los tiempos modernos. Los hijos son un regalo divino, y los regalos son para disfrutarse. Ser padres debe ser motivo de alegría.

El reto más grande que tenemos los padres es aprender a estar con nuestros hijos.

Tenemos la tendencia de dirigirnos a nuestros hijos como si fueran más bien una carga en lugar de un regalo. Por un lado, esto tiene cierta lógica porque psicológicamente estamos enfrentándonos a una ola altísima de responsabilidades, a un cansancio arraigado y a una pérdida continua de nuestra libertad. Sin embargo, conviene recordar que ser padres es mucho más que una carga, un deber o una responsabilidad. Es un privilegio y un regalo.

Tal vez te preguntarás, ¿por qué es tan importante que yo disfrute de mi paternidad? Disfrutar es un lujo, no una necesidad, podrías pensar. Incluso podría parecer egoísta decir que debemos disfrutar de ser padres.

La razón es que, si no disfrutamos de ser padres, probablemente les será difícil disfrutar de ser hijos. Correremos el riesgo de llenarlos de dudas, complejos, exigencias y ansiedades.[6] Seremos nosotros, los padres, quienes les enseñaremos a hacer las cosas aprisa y con temor al fracaso. Les podríamos robar la capacidad única de descubrir mediante la observación; de aprender mediante la manipulación de materiales, de mojarse, ensuciarse y crear. Sin darnos cuenta y sin querer, podríamos ir apagando su alegría e inocencia.

Si ya estamos viviendo de este modo, probablemente es porque nuestros padres también lo hicieron; al igual que nuestros abuelos, y así sucesivamente. Pensamos que mejorar algunos modos en la crianza de los hijos nos vuelve mejores padres, y estos cambios tal vez sí ayudan; pero, a menudo, seguimos pasando por alto disfrutar, y nos perdemos los mejores años de quienes más amamos. Olvidamos que el disfrute es una parte fundamental del desarrollo sano de cualquier niño, una cualidad esencial que fomenta el apego y la socialización emocional.[7]

Razones por las que no disfrutamos de los hijos

Creo que todos anhelamos disfrutar de nuestros hijos. Nadie quiere sufrir al ser padre, ni soñamos con "apenas aguantar" a los niños. Entonces, si todos queremos disfrutar la paternidad, ¿qué será aquello que *no* nos permite hacerlo? Es decir, ¿cuáles son los estorbos potenciales? Hay incontables razones por las cuales no disfrutamos; pero hablaré de algunas que, en mi experiencia, son las más comunes.

Cabe mencionar que aquí es donde encontramos el primer problema. Nos hemos acostumbrado a pensar que algo *común* es sinónimo de algo *normal* (es decir, correcto o adecuado). Esto es un error. Si nueve de cada diez personas roban, esto significaría que robar es común. Sin embargo, seguiría siendo un delito. El hecho que muchas personas hagan algo —o "la mayoría", como nos gusta decir— no lo convierte en algo correcto.

De la misma forma, el hecho de que la mayor parte de la sociedad luche con muchos de los factores que expondré a continuación no significa que estos sean correctos o innocuos. Así que, te invito a que leas cada uno con una actitud humilde (es decir, una mente abierta) para determinar con cuáles de ellos te identificas. Esto provocará que te hagas consciente de cualquier necesidad inminente de modificar algunas conductas o rutinas diarias y te ayudará a que estés listo para hacer los cambios que se requieran. Dejarás de permitir que estos factores sigan usurpando tu capacidad de disfrutar, y evitarás ser cómplice de algo que, poco a poco y a muy temprana edad, podría mermar la felicidad de tus hijos y fracturar tu relación con ellos.

1.- El estrés.

Entre todos los factores que podrían impedir el disfrute, el estrés es uno de los más comunes y peligrosos.[8] En el diccionario de la Real Academia Española, la palabra *estrés* es definida como: "Tensión provocada por situaciones agobiantes que originan reacciones psicosomáticas o trastornos psicológicos a veces graves". Parafraseando lo anterior y con base en mi experiencia, podría definir al estrés como un estado de cansancio mental provocado por la exigencia de un rendimiento muy superior al normal; el cual suele provocar en los seres humanos diversos trastornos físicos y mentales.[9] Cabe mencionar que este estrés puede ser experimentado tanto por los padres como por los hijos. En ambos casos, roba la felicidad y paz que buscamos.

Primero, consideremos el estrés que los niños enfrentan. Hace algunos años asistí a una conferencia donde un médico psiquiatra hablaba del estrés en los niños. Cuando escuché sus comentarios, me sorprendí bastante. De hecho, pensé seriamente que estaba exagerando. Sin embargo, comencé a analizar a muchos de los niños con los que trabajo. Observé durante un mes la cantidad de ocasiones que faltaban a clases por problemas de salud tales como: gastritis, colitis, dolores de cabeza y problemas en el estómago, entre otros. Posteriormente pregunté a dos diferentes médicos pediatras por qué consideraban que era tan común este tipo de malestares. La respuesta de ambos fue rápida e idéntica: "En la mayoría de los casos, estos problemas son provocados por estrés".

Por eso resulta tan importante que nuestros niños tengan lo que los especialistas llamamos una "red de apoyo". Esta red está conformada por las personas más cercanas a ellos, que por lo regular somos los padres o tutores, así como familiares o amigos que conviven de forma cotidiana con nuestros niños.

Por la falta de desarrollo emocional o social que corresponde a su edad, muchos niños, preadolescentes y adolescentes experimentan una *desregulación emocional*: la dificultad o poca habilidad que se tiene para procesar emociones. Es de esta manera como nuestros niños pasan de no regular una emoción (ira, frustración, tristeza, etc.) a somatizarla (dolor de cabeza, de estómago, falta de apetito, etc.).[10] Por eso los padres no debemos dejar pasar ningún síntoma. Invariablemente hay algo detrás de sus síntomas y acciones.

Esto no pasa solamente con los pequeños. Como papás, también manifestamos síntomas debido al estrés. A veces son físicos, igual que los niños. Pero a veces son menos visibles, como el mal humor, la impaciencia, la agresión, la depresión y otras más. Es importante reconocer que detrás de esas cosas hay una causa inconsciente: la presión y tensión que cargamos. Si no nos damos cuenta de las repercusiones reales que provocan en nuestra mente y cuerpo —y por consiguiente, en nuestras relaciones diarias— corremos el peligro de convertir a nuestros hijos en víctimas de las reacciones que tenemos debido al estrés.[11]

Te diré algo un poco difícil de digerir, pero necesario: los síntomas de los hijos a menudo reflejan el estrés y los conflictos de los padres. Nuestro mal manejo de la presión provoca estrés en ellos, desencadenando una serie de consecuencias físicas, emocionales y sociales.[12] Si a nosotros nos cuesta trabajo manejar el estrés, ¿cuánto más a nuestros hijos? No lo digo para condenarte (¡mucho menos para causarte más estrés!), sino para recordarte la importancia de aprender a manejar bien las exigencias, obligaciones e imprevistos de la vida. Tenemos que saber lidiar con el estrés de manera sana.

La tendencia más común en estos tiempos es querer resolver cualquier situación de salud de una manera rápida, a menudo por medio de una pastilla. Pero cuando se trata del estrés, las opciones que tenemos, en mi experiencia, incluyen las siguientes, entre otras:

- Descansar.
- Hacer ejercicio.
- Dejar de tener agendas tan apretadas.
- Aprender a decir no.
- Organizar nuestros horarios.
- Ponernos límites a nosotros mismos y a los demás.

En todos los casos se requiere de un esfuerzo de nuestra parte. Eso es más difícil que tomar un medicamento, pero también es más sano. Si aprendemos a manejar bien nuestro estrés, vamos a estar más preparados para ayudar a nuestros hijos a lidiar con lo que ellos enfrentan. Y así todos nos preocuparemos menos y disfrutaremos más cada etapa.

2.- La prisa.

Otra razón porque no disfrutamos a nuestros hijos es la prisa. Esto es, en parte, el resultado de vivir en una sociedad de excesos: demasiadas distracciones, demasiadas cosas, demasiada información, demasiados compromisos.[13] La sociedad exige manejar la vida a alta velocidad. Esto nos lleva no solo a conducir a prisa, sino a tomar decisiones apresuradas, a gastar más de lo que planeábamos, a llegar tarde a citas importantes, a comer a deshoras, y por consiguiente a perder tiempo —nuestro valioso tiempo, ese tiempo que ya no regresa— ni para nosotros ni para nuestros hijos. Recuerda, no podemos añadir tiempo al día ya que no tenemos la capacidad de crearlo. Tampoco podemos ahorrarlo o almacenarlo porque no es tangible como el dinero. Lo único que podemos hacer es administrarlo o malgastarlo.

¿De qué sirve trabajar tanto si nunca disfrutas de lo que tienes?

Los niños no saben esperar porque no les hemos enseñado a eso. De hecho, nosotros, los padres, a menudo no queremos esperar tampoco. No nos gustan los procesos; las largas esperas nos impacientan. La sociedad en general está carente de paciencia. Esa falta de habilidad para esperar, ese deseo por tener todas las necesidades satisfechas al momento, es porque estamos inmersos en la cultura de la inmediatez.

El resultado de vivir con tanta prisa puede ser, entre otras cosas, una falta de gozo y gratitud. Ya que las exigencias son tantas y las expectativas son tan altas, nunca puede haber satisfacción o contentamiento. Siempre queremos más, buscamos más, necesitamos más; pero no nos damos cuenta de que lo más valioso no es lo que pretendemos conseguir con tanta prisa, sino lo que ya tenemos: el amor de nuestros hijos.

Desacelérate. Pon la vida en pausa por un momento. Más bien, por muchos momentos, y todos los días. Claro, sí es necesario trabajar. Pero ¿de qué sirve trabajar tanto si nunca disfrutas de lo que tienes?

3.- Las expectativas.

¿Alguna vez te has enojado tanto por algo que te hizo perder los estribos? A raíz de eso, tal vez hiciste o dijiste algo a tus hijos que después (cuando el sentimiento de culpa se instaló en tu mente y te diste el breve tiempo de analizar las razones de tu enojo) te encontraste cuestionándote: ¿Por qué me enojé tanto? ¿De verdad era necesario?

Muchas veces cuando esto pasa, es porque permitimos que una idea impuesta por la sociedad en general o por nuestro círculo de influencia cercano (amigos, familia, colegas) se convirtiera en nuestra. Respondimos a esa expectativa que "los demás" tenían de nosotros o de nuestros hijos pero que no necesariamente formaba parte de nuestras propias convicciones.

Recuerdo muy bien una experiencia así. Hace algunos años, las mamás del grupo de una de mis hijas organizaron un paseo a un parque de diversiones. No era un paseo escolar, solamente éramos mamás asistiendo en grupo para premiar a nuestros hijos por el cierre del ciclo escolar. En ese momento yo ya formaba parte del equipo de directivos de la escuela a la que mis hijas asisten, pero era la primera ocasión que acudía a un paseo con las mamás del grupo de mi hija en mi rol de "mamá" y no de directora.

Recuerdo lo feliz que mi hija estaba de realizar este viaje. Sus expectativas y las mías eran muy altas. Ese día manejé con ella aproximadamente dos horas, y disfrutamos mucho el tiempo a solas. Finalmente, al llegar al estacionamiento del lugar y antes de bajarnos del automóvil, repasé algunas reglas básicas: recuerda permanecer a mi lado, disfruta mucho este día, solo vamos a gastar "x" cantidad de dinero en la tienda de regalos, etc. Las reglas eran sencillas, y mi hija las conocía y las respetaba.

Todo parecía que iba muy bien, pero surgió un problema: al encontrarme en la puerta del parque de diversiones con el resto de las mamás y sus niños, inmediatamente tomé el rol de directora. Sin darme cuenta, me fue imposible cambiar el chip en mi cabeza. Como resultado, no solo atendía las dudas de todas, sino que además estaba resolviendo problemas de logística (al tratar de movernos por el parque juntos), procuraba ser amable y extra sociable con todos y me aseguraba de que mi hija se comportara, que no corriera, que no levantara la voz demasiado. Íbamos a los juegos que sus compañeros pedían, y las sugerencias de ella las dejaba para después. Le inventaba nuevas reglas en el momento. La hacía esperar al final de la fila para dar oportunidad a que otros niños lo hicieran primero. Le llamaba la atención por hacer cosas que otros niños hacían libremente, como gritar en las filas o colgarse de los barandales. Hasta recuerdo que, en más de dos ocasiones, le regañé por pedirme un snack extra o algún dulce mientras esperábamos en la línea.

Me sentía muy estresada, y era evidente que yo no estaba disfrutando el recorrido. Lamento mucho reconocerlo, pero no le permití disfrutar tampoco a ella porque estaba más preocupada por atender a otros.

Cuando llegó la hora de comer todos juntos, mi comportamiento fue igual: comimos donde la mayoría eligió, aun sabiendo que a mi hija no le gustaban las hamburguesas. Finalmente me senté a la mesa, muy agotada, tomé un respiro y entonces vi su carita. Ella estaba sentada justo frente a mí. No quiso sentarse con sus compañeros, sino estaba ahí conmigo, evidentemente decepcionada del viaje. Estiré mis manos y tomé las de ella, sobé sus bracitos un momento, y después le dije: "Mi amor, venimos aquí porque quiero que sea un regalo para ti. Dime, ¿qué te gustaría hacer?".

Entonces ella respondió: "Quiero irme solo contigo, y quiero comer otra cosa".

Le sonreí y dije: "¡Claro que sí!" Nos levantamos de la mesa y me disculpé con las otras mamás, comenté que de aquí en adelante mi hija y yo seguiríamos recorriendo el parque solas. Como era de esperarse, nadie se molestó. ¡Al contrario! Algunas mamás hicieron lo mismo que nosotras.

Me alegra decirte que esta triste y penosa historia tuvo un

final feliz. El resto del día, lo disfrutamos al máximo. Reímos, corrimos, nos mojamos, repetimos juegos, comimos lo que quisimos y regresamos a casa felices. Al final se cumplió el objetivo.

Cada que recuerdo esta historia, me hace ser consciente de la cantidad de ocasiones que me he comportado igual, de las veces que he corregido a mis hijas por motivos externos o por la influencia de terceros. Creo que nos pasa a todos. No siempre es fácil saber por qué hacemos las cosas. La presión que ejercemos sobre nuestros hijos puede ser enorme, y muchas veces, lamentablemente, tiene el único fin de satisfacer expectativas arbitrarias o sociales.

Es tu familia, y tú sabrás mejor que cualquier otra persona qué necesitan tus hijos

Si no estás disfrutando tu presente, podría ser por estas falsas expectativas. Son como pequeños ladrones que te despojan de tu economía, tu tiempo, tu esperanza de lograr cambios e incluso de tu salud mental. A la par, hacen lo mismo con la vida de tu familia. No permitas que la moda del momento o las opiniones de otros roben la alegría familiar. Es tu familia, y tú sabrás mejor que cualquier otra persona qué necesitan tus hijos.

4.- Las frustraciones.

Podemos definir esta palabra como la imposibilidad de satisfacer una necesidad o un deseo, o un sentimiento de enojo, tristeza, decepción y desilusión. Como padres, experimentamos frustración cuando las cosas no salen como las planeamos. La frustración continua tiende a afectar el ambiente del hogar y nuestra actitud como padres, y por eso podría ser difícil disfrutar la paternidad.

Muchas de las frustraciones que enfrentamos son parte de la vida en general y no se tratan de nuestra paternidad. Podrían ser frustraciones personales, matrimoniales, relacionales, económicas o profesionales. Sin embargo, el no atenderlas nos discapacita para disfrutar. Nuestros hijos terminan pagando el precio si no sabemos manejar las complicaciones o decepciones que enfrentamos.[14]

En otras ocasiones, las frustraciones son provocadas por nuestros hijos cuando (al parecer) no están respondiendo de la manera que esperamos. Entonces es cuando comenzamos a preguntarnos: ¿estaré haciendo bien las cosas? ¿En qué me he equivocado? Debemos tener cuidado de no esperar demasiado de ellos o de nosotros mismos. Las expectativas no realistas destruyen la felicidad y terminan rompiendo la relación padres-hijos. Platicaremos más de esto en los siguientes capítulos, pero por ahora, quiero recordarte que debes ser consciente de tu nivel de frustración y hacer lo necesario para solucionarlo.

5.- La falta de conocimiento.

Si bien es cierto que somos una generación privilegiada por tener tanta información a un clic de distancia, también es verdad que el exceso de información que recibimos nos puede provocar culpa y ansiedad. Sentimos que como padres no estamos aprovechando y aplicando toda esa información. Lo peor de todo es que cuando por fin comenzamos a comprender la etapa que nuestros hijos están viviendo, ahora están entrando a la siguiente etapa, de la cual nuevamente nos sentimos ignorantes. Es un continuo "¿y ahora qué hago?" Eso, por consiguiente, puede afectar nuestra capacidad de disfrutar.

La clave aquí es buscar ayuda, consejo y guía de fuentes

adecuadas. Lo más importante es que tengamos la apertura no solo de pedir ayuda, sino de seguir el consejo y comenzar a hacer los ajustes sugeridos con constancia. Si solo pedimos ayuda pero no seguimos el buen consejo, o si solo lo hacemos por un tiempo y después regresamos a lo que hacíamos anteriormente, tendremos como resultado más frustración tanto para nosotros como para los que nos dieron el consejo.

Otra recomendación para la preparación personal es buscar ayuda por medio del estudio. Podría ser una clase formal o simplemente un libro que hable del tema.

Hay muchos recursos disponibles para contestar tus dudas y eliminar la ignorancia. Esto requiere esfuerzo y trabajo, pero valdrá la pena. La verdad produce libertad, y por eso siempre hay que estar aprendiendo y creciendo.

Estas cinco cosas —el estrés, la prisa, las expectativas, las frustraciones y la falta de conocimiento— son algunos de los enemigos más importantes del disfrute. Son comunes, pero no son imposibles de vencer. Sea cual sea la razón por la cual no has podido disfrutar a tus hijos como quisieras, siempre hay esperanza. Toma la decisión de hacer los ajustes necesarios para que puedas disfrutar la paternidad al máximo.

2. Recibir para dar

Los niños aprenden a sonreír de sus padres.

—Shinichi Suzuki

En una temporada muy ocupada en mi vida, comencé a observar que mis hijas mostraban síntomas de estrés: estaban impacientes, se hablaban entre ellas con enfado, la mayor se quejaba de ardor de estómago, y tampoco estaba descansando por las noches. Su comportamiento y sus síntomas físicos me preocupaban y, además de eso, producían tensión y cansancio en el hogar.

Cuando hablé con mi esposo de mi preocupación por ellas, lo primero que él me hizo ver fue que yo tenía semanas manejando mucho estrés. Me preguntó si tal vez esto podría ser una de las razones por las que nuestras hijas también experimentaban síntomas similares.

La verdad es que su respuesta me molestó y sentí injusta su deducción, pero finalmente comencé a analizarme. La autoevaluación es difícil para todos, ya que a nadie le gusta aceptar sus errores, más aún cuando alguien más los está señalando. Sin embargo, tomé la decisión de enfocarme en mi comportamiento para ver si era verdad que yo estaba contribuyendo a su estrés. Al final del día, queremos lo mejor para nuestros hijos, y ese amor fue lo que me motivó a revisar mi propio corazón y comportamiento.

Así que, una mañana, usé mi teléfono para grabar todo lo que yo decía; y luego, más tarde, escuché el audio que había grabado. Qué miedo, ¿verdad?

Al principio, yo estaba muy consciente de que me estaba

grabando, lo cual me ayudó a ser extra amable en mi manera de dar instrucciones a mis hijas. Desafortunadamente, mientras se fue acercando la hora de salir de casa, mi tono de voz cambió. Empecé a dar un exceso de órdenes y me mostraba impaciente ante cualquier situación o duda que ellas tenían. Al subirnos al carro, seguí aún más estresada, y pude darme cuenta como en varias ocasiones ellas trataron de entablar una conversación conmigo, pero al parecer venía muy concentrada en mi lista de pendientes, así que no permitía que se creara ese ambiente de conversación con ellas.

No fue fácil para mí escuchar ese audio. Confieso que lo paré en varias ocasiones porque me daba tristeza y pena notar mi tono brusco y presionado. No podía negarlo porque la verdad estaba ahí, grabada en audio.

Luego, comencé a analizarme más a conciencia. Incluso oré y le pedí a Dios que me ayudara a identificar lo que me estaba sucediendo. ¿Por qué estaba tan impaciente? ¿Estaba cansada, o preocupada, o presionada? ¿Qué me causaba ese desequilibrio?

Mi primer impulso fue justificarme, culpar a terceros y de alguna manera victimizarme. Después de todo, era una mamá de dos niñas menores de cinco años y una bebé de ocho meses. Pero, cuando tomé la decisión de ver las cosas con la humildad necesaria, poco a poco identifiqué las cosas que estaban fuera de orden. Me di cuenta de que había asumido muchas obligaciones y responsabilidades. Mi esposo y yo éramos directores del área de niños en nuestra iglesia, lo cual implicaba estar en tres reuniones cada domingo, más asistir a reuniones dos noches a la semana. Trabajaba como directora y maestra de secundaria, y estaba estudiando una maestría en las noches.

Simplemente estaba demasiado ocupada. Eran cosas buenas e importantes, pero tuve que reconocer que no podía hacer todas en esa etapa de mi vida. Necesitaba enfocarme y aceptar este período; seguramente habría tiempo para realizar otras actividades más adelante, pero no era el mejor momento para tener tantos compromisos. Lo que hice fue poner pausa a la maestría, dar menos consultas privadas y hablar con las personas indicadas para delegar otras responsabilidades.

Ayúdate primero

En esa temporada de mi vida, leí un pasaje bíblico que me ayudó a comprender más lo que estaba sintiendo. Se encuentra en 1 Juan 4:19. "Nosotros amamos porque él nos amó primero" (NVI). Entendí que es imposible dar a nuestros hijos algo que no tenemos. Por ejemplo, como dice este pasaje, primero necesitamos tener amor para poder dar amor. Recibir el amor de Dios nos permite mostrar amor a otras personas. De la misma forma, no podemos enseñar algo que no sabemos, o esperar que nuestros hijos tengan una fe en algo que nosotros mismos no creemos, o darles paz si estamos angustiados. Este es un principio básico de paternidad. *Necesitamos primero recibir para entonces poder dar.*

Mis hijas estaban estresadas porque yo estaba estresada, pero no podía ayudarlas a lidiar con su estrés sin antes recibir la estabilidad que les quería comunicar. Tratar de ayudarlas sin arreglar lo que estaba fuera de orden dentro de mí jamás iba a funcionar. Con mis palabras quería formar actitudes positivas en ellas, pero mis acciones estaban inculcando todo lo contrario, y mis propias deficiencias subvertían mis mejores intentos de darles lo que necesitaban.

Constantemente platico con padres acerca de este tema. Precisamente por el amor genuino que tenemos por nuestros hijos, es muy común que busquemos darles lo que nosotros no tuvimos o no tenemos. Esa es una raíz de muchos problemas. No porque sea algo malo lo que queremos para ellos, sino porque no podemos darles algo que no hemos recibido. Por ende, el primer paso para ayudar a nuestros hijos es ayudarnos a nosotros mismos. Esto no es egoísmo: es sabiduría.

Resulta común que la tarea de ser padres nos haga olvidar los otros roles que seguimos viviendo en el día a día. Desde el momento en que cambiamos nuestros

El primer paso para ayudar a nuestros hijos es ayudarnos a nosotros mismos.

nombres de pila por papá o mamá, algo sucede en nuestro interior. Experimentamos un amor incomprensible, mismo que nos lleva a hacer cosas inimaginables y a tener a la vez satisfacciones increíbles. Sin embargo, el olvidar nuestra verdadera identidad no es sano.[15] Con el tiempo, el olvidarnos de nosotros afecta nuestra energía, enfoque, matrimonio, salud y vida en general.

Hay un ejercicio que realizamos en terapia en el que pedimos a los padres que escriban los roles que ellos mismos representan. Especialmente en las madres, nos encontramos con una faltante en su lista: *ellas mismas*. Esto se convierte en un problema que más temprano que tarde alcanza a la familia. El olvidarnos de nosotros mismos nos hace estar cansados y abrumados todo el tiempo. Además, como hacemos todo al máximo de nuestras propias fuerzas, comenzamos a exigir a nuestros hijos que respondan a ese mismo nivel. Los padres que buscan una perfección propia y no realista buscarán esa misma perfección en sus hijos, y muchas veces terminan provocando profundas heridas en sus corazones.[16]

Es ilógico esperar que podamos dar a nuestros hijos algo que no tenemos. Cuando eran muy pequeñas mis hijas, a menudo me pedían algo de comer o tomar mientras manejaba el automóvil. No había manera alguna que yo lograra convencerlas de lo absurda que era su petición. Siempre pensaba, *¿Vengo manejan-do, no se dan cuenta?* Este escenario se presentaba por lo menos una vez a la semana, y por más que intentaba razonar con ellas, era imposible. Pero ¿sabes algo? Actuamos de una manera igual-mente irracional cuando nos exigimos cosas que no tenemos ni podemos dar. Solo terminamos cargando con más frustración y condenación.

El concepto de recibir para dar es especialmente importante cuando se trata de la enseñanza y la corrección. Debemos buscar ser la mejor versión de nosotros para entonces modelarla a nues-tros hijos. Recuerda, el ejemplo siempre habla más fuerte que las palabras. A veces nos frustramos queriendo cambiar a nuestros hijos, sin primero cambiarnos a nosotros. Nos molestamos por-que se dejan llevar por sus impulsos y emociones cuando no-sotros no hemos desarrollado inteligencia emocional. Insistimos que sean lo que nosotros nunca fuimos, y luego nos preguntamos por qué siguen nuestro ejemplo en vez de nuestro consejo. No podemos dar nada que no tenemos, y tampoco podemos exigir cambios que no ejemplificamos.

Enseñar algo viviéndolo es uno de los retos más grandes que tendremos como padres. Es una lucha incesante de nuestro interior hacia nuestro exterior. Queremos lo mejor para nuestros hijos, queremos que sean mejores que nosotros, pero si no ha-cemos primero los ajustes que nos corresponden, transformando así nuestra familia de adentro hacia fuera, este deseo de que sean mejores se vuelve un pensamiento idealista y lejos de la realidad. Por ejemplo, si deseo desarrollar en ellos paciencia, debo obser-var mis reacciones cuando tengo que esperar o perseverar en alguna área de mi vida. Si quiero que ellos sean adultos educados y amables, tengo que prestar mucha atención a mi manera de dirigirme a otras personas.

Este concepto de recibir para dar no solamente aplica en

nuestras acciones sino en nuestras actitudes, emociones y pensamientos. Recuerdo que cuando estuve amamantando a mis hijas, había muchas personas que me aconsejaban alimentarme bien y cuidarme especialmente de alimentos demasiado condimentados, ya que la calidad de la leche que ingeriría mi bebé sería el resultado directo de mi dieta. Pasa lo mismo con nuestra dieta emocional y mental: les alimentamos de lo que ingerimos. Por eso debemos cuidar lo que dejamos entrar a nuestro corazón porque tarde o temprano eso lo vamos a transmitir a nuestros hijos.

Otro ejemplo: si alguna vez has viajado en avión, seguramente has escuchado a una aeromoza decir que en caso de perder presión en la cabina, una mascarilla de oxígeno caerá de un compartimento superior. Luego dice, "Los pasajeros que viajen con niños, deben colocarse la mascarilla ellos mismos primero, y después colocársela a los niños". ¿Por qué? Porque si no tienes oxigeno tú, en cuestión de segundos no podrás ayudar a tus hijos. Tu capacidad de cuidar a tus hijos depende de tu bienestar personal.

Aquí vemos la importancia de mantenernos sanos para el bien de nuestros hijos. Por supuesto, nunca estaremos perfectamente bien en todo, entonces tampoco estoy diciendo que debemos ser narcisistas y egoístas, pensando siempre y únicamente en nosotros. Más bien, debemos cuidar tanto de nosotros como de nuestros hijos, recibiendo lo que sea necesario para poderlo transmitir a ellos.

Mi experiencia con el incómodo audio de mis conversaciones ilustra esta última observación. Sin darme cuenta, había permitido que el estrés y la prisa infiltraran mi corazón. Desde ahí afectaron mis reacciones, mis palabras, mis emociones. Los efectos en mis hijas no se notaron al inicio, pero con el tiempo, fueron tan obvios que no los pude ignorar.

Gracias a Dios, entre las palabras de mi esposo y mi disposición de confrontarme a mí misma, a pesar de la pena, logré cambiar. Hice los ajustes necesarios para encontrar más estabilidad y paz. Y cuando cambié yo, cambiaron mis hijas. Tampoco fue de la noche a la mañana su transformación, por supuesto, pero fue real.

La regla de cuatro

La historia que acabo de contar ilustra un proceso importante que llamo la regla de cuatro en los errores de paternidad. En lo personal, sigo ese proceso cuando confronto algún defecto o debilidad mía, y lo he recomendado a muchos padres también. La regla de cuatro abarca estos pasos:

1. Reconocer.
2. Identificar.
3. Disculparte.
4. Cambiar.

El primer paso es *reconocer*. Es decir, admitir lo que no hicimos bien, lo que estamos haciendo mal, lo que no está funcionando, lo que está dañando a nuestros hijos o lo que está limitando el avance que quisiéramos tener.

Este paso es fundamental para todo cambio, ya que, sin un análisis honesto, no podremos atinarles a los cambios requeridos. Reconocer habla de examinar, admitir y aceptar. Nos obliga a confrontar el hecho de que estamos cometiendo errores y a examinar lo que realmente hay en nuestro corazón y mente. Es algo totalmente autoconfrontador.

Me atrevo a decir que es el paso más difícil de la regla de cuatro. Muchos padres deseamos ver resultados diferentes en nuestros hijos, pero no hacemos los ajustes necesarios precisamente porque es bastante penoso o doloroso admitir nuestros errores.

Como mencioné arriba, muchas veces lo que nos motiva a

tomar este paso tan difícil es el amor por nuestros hijos. La auto-confrontación es incómoda, pero es preferible a seguir limitando o lastimando a nuestros hijos. Por eso te animo a aprovechar tu corazón de padre o madre como motivación para cambiar.

Motivación, ¡qué palabra tan importante! La motivación es lo que causa el movimiento. Es por la motivación que todos los días nos esforzamos, y es por esta misma que emprendemos nuevos proyectos. La primera pregunta aquí es: *¿qué* nos está motivando a cambiar? Y la segunda, *¿a qué* nos está motivando?

Respecto al qué, el amor por nuestros hijos es lo que nos motiva en la mayoría de los casos. Eso no es difícil de ver. Pero la parte de "¿a qué?" es más complicada. La meta no debe ser un cambio superficial en ellos, sino un cambio genuino en nosotros, si es necesario. Permite que el dolor y los errores te ayuden a identificar las áreas que necesitan atención. Repito, no es fácil reconocer que hay cosas que no están funcionando bien, especialmente si esto implica que tienes parte de la culpa. Pero no le tengas miedo al cambio. Visualiza el bienestar y estabilidad que estás ayudando a crear para tus hijos y las generaciones futuras, y empieza con el proceso de autoanálisis para ver si hay áreas que podrías mejorar.

El segundo paso es *identificar*. Después de reconocer el área donde hay algún problema, es hora de identificar exactamente qué tenemos que cambiar Tengo buenas noticias: una vez que conquistamos el paso 1, es más sencillo el 2. ¿Por qué? Porque lo más difícil del cambio es la autoconfrontación. Cuando superamos la resistencia del ego, el resto se vuelve más fácil.

¿Qué buscamos identificar? Las situaciones que agotan nuestra paciencia y energía. Las actividades que nos desenfocan y nos distraen de lo que es realmente importante en esta etapa. Las áreas que nos desgastan. Los temores que nos desalientan. Las relaciones que nos desvían. Los puntos ciegos que nos perjudican. La ignorancia o falta de preparación que nos limita. Queremos identificar con lenguaje preciso las cosas que tenemos que cambiar.

El tercer paso es *disculparte*. Sí, leíste bien. Los padres también nos disculpamos. De hecho, esta es la mejor forma de enseñar a nuestros hijos la importancia de perdonar y pedir perdón.[17] No tengamos miedo de confesar nuestros errores. Somos humanos, después de todo, y vamos a cometer errores. La meta no es ser perfectos siempre, sino seguir creciendo siempre.

> *La meta no es ser perfectos siempre, sino seguir creciendo siempre.*

En mi caso, una vez que reconocí que necesitaba administrar mejor mi tiempo y que había algunas cosas en las cuales no debería estar comprometida en ese momento de mi vida, entonces fue fácil identificar las cosas que estaban mermando mi energía física y con ella mi salud emocional y la de mi familia. Entonces el paso 3 se dio en automático. El disculparme ya no era algo obligado: ya que había aceptado e identificado tan claramente mis errores, el pedir perdón me resultó natural y sanador.

Tengo muy presente ese día. Aproveché una de nuestras juntas familiares, y ahí expresé mi sentir. No necesitaba dar muchas explicaciones porque el corazón de un niño perdona fácil. Solo se trataba de decir: "Hijas, mamá se ha equivocado. No es correcto que yo eleve el tono de mi voz o me enoje como lo he estado haciendo estos últimos días. Quiero pedirles que me perdonen. Prometo cambiar y hacer todo lo posible por no equivocarme de nuevo".

Por supuesto tratamos de no fallar en nada, pero ya que eso es imposible, necesitamos estar dispuestos a reconocer rápidamente cuando fallamos, identificar el error específico, pedir perdón y empezar a mejorar.

Esto nos lleva al paso 4 de la fórmula, que también se da en automático: *cambia*. De nada sirve reconocer, identificar y disculparnos si no hacemos los cambios indicados. He escuchado de muchos niños que sus papás a menudo prometen cosas sin cumplirlas y, por lo mismo, les han perdido confianza. Colegas psicólogos me han hecho el mismo comentario. Los papás quizá quieran compensar su falta de tiempo, atención o participación, entonces continuamente se disculpan y dicen que van a cambiar. Pero son incongruentes porque todo sigue igual.

> *De nada sirve reconocer, identificar y disculparnos si no hacemos los cambios indicados.*

Creo que con la generación que ahora son abuelos, no era tan común disculparse. Hoy en día, los padres están más dispuestos a admitir que han fallado y pedir perdón.[18] Sin embargo, muchos no hacen los ajustes necesarios o los cambios que se requieren, y cometen el mismo error una y otra vez. Cada vez piden perdón y hacen promesas, pero resultan vacías. Es entonces que entran en un círculo vicioso que da como resultado que los niños adquirieran una enseñanza incorrecta del perdón. Pedir perdón debe resultar en cambios, no en la repetición infinita del mismo error.

En toda esta fórmula, hacer cambios es el paso que produce más alegría y satisfacción. Es cuando vemos el resultado positivo de nuestro esfuerzo por analizarnos, identificar errores y pedir perdón por esos errores. Requiere trabajo, por supuesto, pero es un esfuerzo que tiene un final feliz. Resulta en una genuina transformación interna para nosotros y en libertad y paz para nuestros hijos.

La regla de cuatro en los errores de paternidad es algo que mi esposo y yo adoptamos como parte de nuestra familia, y la aplicamos en todas las áreas de nuestra vida. Esto no quiere decir que nunca nos equivoquemos. La diferencia es que ahora reaccionamos a estos errores con una estrategia de ataque que produce cambios tangibles y positivos. *Reconocemos* rápidamente el error, *identificamos* la razón que está provocando una reacción negativa hacia nuestras hijas o dentro de nuestro matrimonio, *nos disculpamos* con las personas a quienes les hemos fallado e inmediatamente hacemos los *cambios* necesarios.

No estás solo

"No limites la obra de Dios en tus hijos buscando ejercer tu rol de papá o mamá sin su ayuda". Este es uno de los mejores consejos que me ha dado mi mamá. Ella siempre me recuerda que no estoy sola. Cuento con el apoyo de Dios en mis responsabilidades maternales.

Tal vez tu concepto de Dios es diferente al suyo o al mío, pero te quiero decir lo mismo: no estás solo. Si es que crees en Dios, te animo a que también dependas de Él, permitiendo que haya paz en tu corazón al saber que puedes contar con su apoyo y protección. Él ama a tus hijos más de lo que tú los amas, aunque parezca imposible, y quiere su bien.

También te quiero invitar a que consideres las enseñanzas que encontramos en la Biblia. Estoy consciente de que existen perspectivas distintas respecto a este libro, y no quisiera imponer la mía. Solo quiero decir que la Biblia habla a detalle de muchos principios universales que nos hacen mejores padres: amor, paciencia, perdón, sabiduría, comunicación, honestidad y más. Hay un sinnúmero de cosas que podemos aprender de los ejemplos y enseñanzas que encontramos ahí, en especial del libro de Proverbios y de las palabras de Jesús.

Además, puedes compartir tu paternidad con otros. No me refiero a abrir una red social y compartir historias de cada actividad de tus hijos, sino a que busques ayuda, consejo, compañía y amigos en la misma etapa que tú o que ya la hayan experimentado. De esta manera los que te llevan ventaja te ayudarán a ver el panorama completo incluyendo a las siguientes etapas; a su vez, los que van a la par te ayudarán a ser más empático contigo mismo. Los padres solemos enfrentar luchas similares, y compartir nuestra paternidad con otros que están en la misma situación que nosotros puede ser de gran ayuda para todos. No tienes que ser un padre o madre solitario. No dejes que las presiones de la vida te aíslen o que la pena te haga negar tus necesidades. Busca ayuda, pide apoyo, recibe ánimo.

Ofrécele ayuda a otros, también. Tus amigos que son padres podrían beneficiarse de tus palabras positivas y tus actos de generosidad. No subestimes el poder de acompañar a alguien más. Juntos podemos ser mejores padres.

Por último, tus hijos están contigo. No son solo una carga o responsabilidad, sino tus compañeros para toda la vida. Entre más crezcan, más disfrutarás de su compañía y amistad. Aprovecha los años cuando están chiquitos para desarrollar confianza, para jugar con ellos y para ser su lugar seguro. Cuando sean grandes, tómate el tiempo para conocerlos y escucharlos.

No subestimes el poder de acompañar a alguien más. Juntos podemos ser mejores padres.

Si inviertes la energía y el tiempo necesario para ser la mejor versión posible de ti, tus hijos te lo van a agradecer. Ellos te aman, por supuesto, y no quieren que te hagas el mártir solo por servirlos. Te quieren sano, feliz y en paz. Cuando estás sano, eres mejor padre o madre. Eso es lo que ellos merecen, y es lo que tú mereces también.

3. Y tú, ¿qué miras?

La razón por la cual no se logran grandes metas es porque
pasamos el tiempo haciendo primero las cosas secundarias.
—*Robert J. McKain*

Hace algunos años, entró a mi oficina una jovencita de 14 años para una consejería. No era la primera vez que habíamos hablado, pero en esta ocasión, comenzó nuestra charla con esta frase: "¡No soporto a mi mamá!". Siguió con otras quejas igualmente fuertes: "Todo lo que ella hace, lo hace para molestarme. No puedo disfrutar algo porque inmediatamente busca la manera de arruinar el momento. Siempre está en contra de mí y de mis gustos. No cree que pueda lograr nada importante".

Era obvio que esta chica tenía serios problemas con la figura materna en casa, así que la escuché el tiempo necesario. Cuando terminó de hablar, hice mi primer comentario: "Entiendo. Vamos haciendo una tarea".

Ella me miró confundida y preguntó: "¿No quiere saber por qué le digo todo esto?".

"No", le contesté. "Al menos no ahorita. Primero, quiero que me escribas todas aquellas cosas que te molestan de tu mamá. Vas a enumerarlas una a una, y nos volveremos a ver cuándo hayas terminado".

Ella sonrió con una mirada de satisfacción y agradeció mi tiempo. Para mi sorpresa, a la mañana siguiente, esta jovencita me esperaba a primera hora del día sentada afuera de mi oficina. Con orgullo me dijo: "Ya terminé mi tarea". La invité a pasar, y sacó de su mochila tres hojas escritas por ambos lados. En ellas había exactamente 127 actitudes y acciones que le molestaban de su mamá.

Me sorprendí al ver el detalle con que ella había escrito cada una de ellas. Sin embargo, solo las leí rápidamente y, regresándole sus hojas, le pedí que las leyera en voz alta. Un poco desconcertada, obedeció mi instrucción. Comenzó a leer una por una, pero mientras las leía en voz alta, empezó a sonrojarse. Me hacía comentarios como: "Bueno, esto no lo hace siempre, pero quise ponerlo por las veces que lo ha hecho". Su segunda reacción fue comenzar a justificarse conmigo. Me daba demasiadas explicaciones para darme contexto, para que a toda costa yo entendiera por qué le molestaban esas actitudes. Pero lo más increíble sucedió cuando estaba casi por terminar de leer el escrito: ¡la joven comenzó a justificar a su mamá! Me decía: "Esto que hace, tal vez es porque llega muy cansada, ¿no? La verdad, mi mamá trabaja mucho, y esto no es algo que haga siempre".

Al final le pregunté, "¿Hay algo que quisieras eliminar de tu lista?"

Ella comenzó a llorar y me dijo, "Sí, creo que he exagerado".

Entonces le extendí una pluma, y empezó a tachar todas esas acciones que había decidido que eran una exageración. Cuando terminó el ejercicio, se quedó solo con 12 acciones.

Días después, tuve una cita con la mamá de esta jovencita, y le dejé una tarea parecida a la de su hija. Ella debía escribir todas aquellas acciones que hacían que ella explotara en enojo en contra de su adolescente. Cuando nos volvimos a ver, ella había escrito 54 acciones. Le pedí leerlas en voz alta, y luego le dije que quitara en las que había exagerado. Al terminar, solo tenía siete cosas en las que requeríamos trabajar.

¿Qué lograron con el ejercicio? Un ajuste mental y emocional. Dejaron de ver únicamente lo negativo, y empezaron a ver de nuevo el cuadro completo de su relación. Se dieron cuenta de la humanidad de la otra persona: sus luchas, sus necesidades, su esfuerzo. También se dieron cuenta de su propio papel en la relación y de los defectos y errores que habían contribuido a la discordia. Luego, empezaron a trabajar juntas para lograr una meta que tenían en común, que era vivir en paz y armonía como madre e hija. En fin, tuvieron un *cambio de enfoque*.

Como humanos, casi siempre tenemos enfoque, pero no siempre en el área correcta. Por lo regular, nuestro enfoque se encuentra en lo negativo.[19] Cuando verbalizamos aquellas cosas negativas, nos autoconfrontamos y, de manera casi automática, esto nos reenfoca. Volvemos a ser objetivos —o por lo menos más objetivos— y podemos trabajar en aquellas cosas que debemos mejorar.

Como padres, podemos aplicar este ejercicio a casi cualquier área de nuestra vida. El hacer una lista y verbalizar lo que consume nuestra atención son acciones que nos ayudan a evaluar cada aspecto con ojos realistas. Abren nuestros ojos para que tengamos una perspectiva más completa de nuestra realidad. Eso es mejor que ver todo con un filtro negativo, exagerado, dolorido. Si queremos disfrutar a nuestros hijos, tenemos que enfocarnos en las cosas correctas.

¿En qué te estás enfocando?

Cuando la palabra *enfoque* se usa de manera literal, tiene que ver con mirar clara y fijamente algún objeto, persona o escena. Podemos pensar en la vista, en los lentes o en una cámara fotográfica, por ejemplo. En este sentido, el enfoque habla de una vista o imagen nítida.

Cuando se trata de su uso metafórico, la palabra enfoque habla de una visión clara de los objetivos que buscamos, pero incluye también la idea de mantener fija la atención durante un tiempo prolongado. Entonces, si nos enfocamos en alguna actividad o propósito como padres, significa que *sabemos* lo que buscamos lograr y *perseveramos* hasta alcanzarlo. Para obtener resultados con nuestros hijos, definitivamente requerimos de enfoque.

¿En qué nos enfocamos, entonces? En prioridades. Entendemos como prioridades todas aquellas cosas, asuntos o personas que son más importantes que otras. Es decir, necesitamos poner unas cosas frente a otras para ver primero lo realmente importante. Debemos ser sabios para reconocer cuáles llevarán una ventaja sobre otras.

Esto no es tan fácil porque la vida está llena de cosas que son importantes, valiosas y urgentes. La mayoría de nosotros asumimos demasiadas responsabilidades. Seguramente sabes de qué estoy hablando. Por eso constantemente repetimos frases como, "El tiempo no me alcanza" o, "Hay demasiado que hacer". A menudo nos sentimos presionados y estresados, corriendo de un lado a otro, intentando hacer todo.

El problema es que tener *todo* como prioridad significa que entonces *nada* es prioridad. El secreto del enfoque radica en darle su valor a cada cosa. Cuando establecemos bien nuestras prioridades, ponemos a cada responsabilidad y actividad en su lugar. Esto no significa que vamos a poder hacerlo todo, pero sí vamos a poder realizar las cosas más importantes. Por eso se llama enfoque: porque fijamos nuestra energía y pensamientos en lo más importante, con una visión clara de lo que buscamos, sin distraernos con cosas secundarias.

¿Por qué es tan importante esto? Porque si no definimos claramente cuáles son nuestras prioridades, entonces el ritmo de la sociedad, los parámetros de redes sociales y las expectativas de otras personas establecerán nuestras prioridades por nosotros. Seremos llevados de un lado a otro, agradando un poco por aquí y fallando un poco por allá; tratando de llevar un estilo de vida que para la familia es insostenible. Habremos perdido el enfoque. Estaremos distraídos en cosas secundarias, apagando fuegos, reparando en lugar de planeando.

Lo peor de todo es que probablemente terminaremos fallando a nuestra familia. Aunque les digamos a nuestros hijos que son nuestra prioridad y que todo lo que hacemos es por ellos, si nuestras acciones muestran lo contrario, ellos lo van a notar. Es entonces que nos convertimos en padres incongruentes, diciendo una cosa y haciendo otra.

Generalmente la pérdida de enfoque (o, mejor dicho, el enfocarnos en cosas periféricas) no sucede de la noche a la mañana, ni como resultado de una decisión consciente. Más bien, es el resultado de acumular muchos compromisos y luego querer hacer todo, como si cada asunto tuviera exactamente la misma importancia.

Una manera fácil (aunque confrontadora) de evaluar tu enfoque es hacer una lista de las cosas que regularmente haces en una semana normal y estimar el tiempo que le dedicas a cada una. Por ejemplo:

Acciones o compromisos	Tiempo aproximado por semana
Trabajo	
Quehaceres del hogar	
Familia	
Descanso (dormir)	
Iglesia o voluntariados	
Amistades	
Teléfono o redes sociales	
Ocio	

Ahora, organiza tu lista con base en el tiempo dedicado a cada cosa, poniendo en primer lugar el que obtuvo la mayor cantidad de horas. Analiza cuánto tiempo inviertes en cada obligación o actividad, y pregúntate: ¿En qué lugar de la lista quedaría el tiempo que dedico a mi familia?

Tengo otra pregunta relacionada: cuando respondiste el apartado de tiempo en familia, ¿lo hiciste pensando en los momentos que juegas, platicas y escuchas a tus hijos y cónyuge? ¿O automáticamente contaste todo el tiempo que estás en casa? Porque de ser así, tienes que reconocer que "estar físicamente presente en la casa" no es lo mismo que "pasar tiempo con la familia".

Estoy segura de que el tiempo en familia no ocupa el primer lugar en tu lista. No porque no seas buen padre, sino porque hay actividades esenciales que requieren mucho tiempo. El trabajo, por ejemplo, ocupa varias horas al día, y no es opcional. También necesitamos dormir, por supuesto. Si en promedio trabajamos ocho horas al día y dormimos siete, son 15 horas en total al día. Podemos sumar cuatro horas más de comida, tráfico, clases extras y traslados de un lugar a otro. Nos quedan solo cinco horas para el resto de las actividades, que también son importantes.

Durante estas cinco horas es cuando debemos enfocarnos en el tiempo familiar. Tal vez no todo el tiempo, ya que puede haber otras responsabilidades que tenemos que cumplir también. Pero repito, no es posible hacer todo, y no es correcto asignar a cada actividad la misma importancia. Si no nos enfocamos en las prioridades de nuestra familia, otras actividades van a llenar esas cinco horas, y los días van a pasar sin invertir tiempo suficiente en el éxito familiar.

¿Cómo enfocarte en la familia?

Entonces, ¿cómo llevamos a nuestra familia a los primeros lugares de esta lista? Es decir, ¿cómo podemos tener un enfoque preciso y sano en las prioridades de la familia? Te comparto tres pasos sencillos.

1.- Identificar las prioridades de tu familia.

No es posible enfocarte en tus prioridades si no sabes cuáles son, entonces toma el tiempo necesario para identificar todas los elementos y actividades esenciales para tu familia. Debes clasificarlas en dos tipos: las prioridades fundamentales (constantes) y las prioridades transitorias (pasajeras o variables).

Prioridades fundamentales. La palabra fundamento me habla de cimientos, de pilares, de columna vertebral. Las prioridades fundamentales que como padres establecemos son aquellas que sostendrán a la familia y, además, nos mantendrán erguidos. Estas no cambian; son y siempre serán importantes para nosotros. Por lo tanto, el cuidar de ellas dará pauta a las metas planeadas. Ejemplos de éstas son: nuestra familia nuclear (relación matrimonial y relación padres e hijos), nuestra fe (en qué creemos), nuestros principios (valores) y nuestra salud integral. Nada de lo que hacemos deberá de ir en contra de las prioridades fundamentales.

Prioridades transitorias. Son aquellas prioridades que, a pesar de ser importantes, lo son solo por un tiempo determinado. Son propias de una temporada, y por eso las llamo transitorias. Estas prioridades jamás deben estar por encima de las fundamentales, ya que provocaría caos en nuestra familia. Ejemplo de estas son la formación académica, la familia extendida y el trabajo, entre otras.

2.- Pasar tiempo de calidad en familia.

El término "tiempo de calidad" se ha vuelto muy común en estas últimas décadas, pero ¿qué significa dedicar tiempo de calidad a nuestros hijos? ¿Cuánto tiempo es suficiente? ¿En qué consiste la "calidad"? Debemos reconocer que cada familia es diferente y que cada etapa también es diferente. No es realista imponer en tu familia algo que para otra familia funciona sin tomar en cuenta las características, gustos, dinámica familiar, edades, presupuesto y otras factores únicos que corresponden a tu familia.

Por eso, no voy a darte una lista de cosas que "tienes que hacer". Más bien voy a tocar un tema que, a mi parecer, ha sido malentendido cuando se trata de las ocupaciones y presiones de la vida: la idea del equilibrio o balance. Al enfrentar muchas responsabilidades, pensamos que tenemos que buscar un equilibrio justo a la mitad, en el centro, o en la misma proporción. Pero, si somos realistas, tal cosa no existe. Si constantemente perseguimos el balance en el centro, pasaremos el resto de nuestra vida cansados, dando un poco de energía aquí y luego un poco más acá. Así llegaremos al final de nuestro día sin haber dado 100% en nada, sino solo pequeños porcentajes de tiempo, amor y energía a todo.

El secreto para tener tiempo de calidad está en dar toda tu atención a lo que en ese momento del día es lo más valioso.

El secreto para tener tiempo de calidad está en dar toda tu atención a lo que en ese momento del día es lo más valioso. Cuando digo toda tu atención, me refiero exactamente a eso: toda la atención. Si estás tratando de resolver problemas de trabajo mientras atiendes a tus hijos, no vas a lograr ni resolver el problema ni atender a tus hijos. Entonces, en la noche te irás a la cama ansioso por el problema del trabajo y lleno de culpa por tu falta de atención a la familia.

3.- Administrar bien el tiempo.

El tiempo, como el dinero, es un recurso limitado. Un médico a quien respeto mucho me dijo, "El problema no radica en la cantidad de ocupaciones que usted tiene, sino en que desarrolle una mejor habilidad para administrarlas". Evidentemente veía en mí problemas de estrés, y sabiamente me estaba ayudando a entender este principio: tenemos que organizarnos para ser eficientes con el tiempo que tenemos.

Por ejemplo, arriba estimé cuatro horas para comidas, tráfico, clases extras, traslados y otras cosas así. Si te organizas bien, es posible que estos tiempos te brinden una o dos horas más al día con tus hijos. ¿Cómo lo haces? Utilizando los tiempos en el carro para escucharlos, platicar, analizar nuevas cosas, hacer un juego como contar todos los carros de un color o marcas que hayamos elegido, o estudiar juntos repasando aprendizajes específicos. Recuerda, esto no es lo mismo que el tiempo de calidad que mencioné en el punto anterior, ya que estarás un poco distraído en el carro (o mucho, dependiendo de las condiciones del tráfico). Sin embargo, es una manera de aprovechar las actividades rutinarias que nos quitan tanto tiempo cada día, convirtiéndolas en momentos de conexión.

De la misma manera, los tiempos de comida pueden ser momentos especiales de conversación con los hijos. En el desayuno es natural hablar de las cosas que haremos durante el día. En la comida o la cena, podemos platicar de cómo nos fue en el día. Si tus hijos son pequeños, es bueno preguntar, "¿Qué fue lo que más te gustó hoy?". Con los más grandes, podemos realizar alguna especie de juego como el muy conocido "mejor-peor", que consiste en que cada uno diga el mejor y el peor momento de su día.

Este tipo de actividades nos da la pauta para conversar, hacer preguntas, escuchar, sembrar en nuestros hijos, ayudarlos a conectar ideas, exteriorizar emociones, conocer lo que les preocupa, mostrar empatía, entender cómo piensan y, lo más importante, saber qué hay realmente en su corazón. El formar este hábito nos ayudará a crear vínculos de confianza, y esta es la base de una relación sana que durará toda la vida.

¿Qué pasa cuando pierdes el enfoque?

A lo largo de mi experiencia de trabajo con familias, he visto muchos ejemplos de planes familiares en donde *sí* se han respetado las prioridades fundamentales, y he visto muchos en donde *no* se han respetado. Para ilustrar la importancia de enfocarte en tus prioridades familiares, a continuación, comparto dos historias.

1.- El nuevo puesto de papá.

La familia Escobedo (el apellido se ha cambiado) propuso como meta que el papá obtuviera una nueva y mejor posición en su trabajo. Una vez que el matrimonio habló los detalles y lo que esto implicaría, estuvieron en común acuerdo y entonces lo comunicaron a sus dos hijos, estableciendo de antemano que se realizarían algunos ajustes para ayudar a lograrlo. Sin embargo, la situación se salió de control cuando el Sr. Escobedo comenzó a trabajar horas extras todos los días, sin respetar incluso los días de descanso. Además de esto, se llevaba trabajo a casa los fines de semana y decidió no tomar sus vacaciones correspondientes.

Como era de esperarse, fue cuestión de tiempo para que este padre de familia llegara a su hogar completamente agotado. En cuanto a paternidad se refiere, el cansancio tiende a ser sinónimo de molestia y falta de paciencia, lo que nuestros hijos interpretan como "me estorbas", "me enfadas" o "mi trabajo es más importante que tú". Su esposa lo abordaba en repetidas ocasiones con quejas y frustraciones. Y así, con el paso de las semanas y meses, este padre de familia había fragmentado su relación matrimonial y la relación con sus hijos. Por último, la presión laboral y familiar terminó mermando su salud física y emocional. Al final del año, la familia Escobedo logró su meta. Pero; ¿cuál fue el costo? ¿Valió la pena?

El error principal de los Escobedo fue la falta de límites. Se violaron límites de tiempo y trabajo, provocando que la presión laboral tomara el lugar de importancia que le pertenecía a su esposa e hijos. Para decirlo de otra manera, la prioridad fundamental del bienestar familiar fue abrogada por una prioridad transitoria, el trabajo. Sí era importante el trabajo del papá, por supuesto. Pero no era tan importante como la familia y el bienestar físico y emocional de todos.

No permitamos que lo urgente tome el lugar de lo realmente importante. A pesar de que a la mayoría de los seres humanos no nos gustan los límites, debemos ser sabios al comprender que los límites protegen a nuestra familia, y por eso deben ser establecidos y respetados.[20] Cuando saltamos un límite, provocamos que las prioridades se inviertan. Lo urgente se convierte en nuestro enfoque principal, tomando el lugar de lo importante, y lo importante se vuelve un enfoque secundario.

2.- Clases extras y nuevos aprendizajes.

Hace un par de años, pasamos por una situación como familia donde tuvimos que aplicar este principio de enfocarnos en las prioridades. Cabe mencionar que, como familia, estamos organizados de tal manera que la escuela, las prácticas, nuestros horarios de trabajo y las clases extras se realicen dentro de itinerarios específicos. Nuestra meta es estar en casa todos a las 5:00 p.m. para cenar y pasar un relajado y productivo tiempo en familia. En esa ocasión, sin embargo, nos encontramos ante la necesidad de hacer una excepción a la regla.

Una de mis hijas, que en aquel tiempo tenía ocho años, estaba en el equipo de fútbol de su escuela, lo que implicaba prácticas entre semana después de clases y partidos en distintas horas los sábados. Además, era su segundo año de asistir a clases particulares de chelo y piano junto a una de sus hermanas. Luego, la invitaron a formar parte de la orquesta. Cuando su maestra me dio la noticia, observé el rostro de mi hija. ¡Irradiaba felicidad! Yo me sentía muy orgullosa de ella. Así que, llegando a casa, mi esposo y yo lo platicamos y decidimos que él se seguiría haciendo cargo de las prácticas y partidos de fútbol mientras que yo podía aceptar el reto de su participación en la orquesta entre semana.

A la semana siguiente, mi hija salió de su clase con una hoja donde venían anotados los horarios de práctica para los próximos seis meses. Debía acumular un mínimo de 12 horas por semana. ¡Eso implicaba que había días en que ella tenía que estar en su práctica hasta cuatro horas seguidas! Al analizar nuestros horarios, me di cuenta del sacrificio tan grande que estábamos por realizar toda la familia, ya que no solo se trataba de mi hija y yo, sino de nuestra familia. Ese fue nuestro error: no calcular el costo familiar.

Los siguientes meses fueron sumamente difíciles para todos. Nos esforzamos mucho, ya que mis otras dos niñas y yo debíamos esperar afuera del salón de clases mientras la mayor terminaba su práctica. Era hacer tareas con ellas en una banca y llevar almuerzo o hacer gastos fuera de presupuesto en comida. Había ocasiones en que mi niña menor, que para entonces tenía tres años, se quedaba dormida, y yo la mantenía en brazos hasta por dos horas. Llegábamos todas a casa a veces pasadas las 6:30 p.m. Fue una temporada difícil. Las notas académicas de mi hija bajaron un poco mientras que el estrés que manejábamos iba aumentando.

Finalmente llegó el día de su presentación, y ella lucía radiante. Estaba feliz. Mi esposo y yo nos sentíamos felices también —¡felices de que esos seis meses hubieran terminado!—. No quiero decir que no fue gratificante el escucharla tocar o el verla tan contenta, pero tuvimos que preguntarnos, ¿era el momento para tener tanto trabajo? La respuesta fue no. Al menos no para una familia donde ambos padres trabajaban y tenían otras dos niñas menores.

Llegando a casa, comenzaron las vacaciones de diciembre. Los primeros días, ella no dejaba de hablar de su experiencia en la presentación. De una cosa estaba segura: ella seguiría formando parte de la orquesta. Su papá y yo, sin embargo, estábamos seguros de lo contrario.

Una tarde la llamamos a su recámara y le dijimos que necesitábamos hablar. Sabíamos que una de las cosas más importantes era que ella misma lo visualizara, así que tomé una hoja de su escritorio y ahí anoté los días de la semana. Le pedimos que nos ayudara a escribir debajo de cada día los horarios que manejamos estos últimos meses. Eran prácticas de fútbol, los partidos de los sábados, ensayos de chelo, clases de piano, más su horario regular de escuela. Todos los días con excepción del domingo teníamos una actividad relacionada con ella.

Después le pedimos que comparara su hoja con las actividades de sus hermanas. Hablamos de los cambios de horarios que habíamos hecho toda la familia estos últimos meses. Finalmente preguntamos: "¿Qué piensas de esto?"

Ella comenzó a llorar. Lo estaba entendiendo, pero también comprendía el rumbo hacia donde se dirigía nuestra charla. Después de expresarle nuevamente el amor y orgullo que sentíamos por ella, le dije: "Tus notas escolares son buenas, pero han bajado un poco, y estoy segura de que es por el mismo cansancio que estas manejando por las demás prácticas. Papá y yo deseamos que tú tomes la decisión de qué actividades deberás dejar por un tiempo".

De antemano ella sabía que no podía borrar el colegio (aunque estoy segura de que lo tenía en mente). Durante unos momentos, la veíamos llevar su pluma de fútbol a chelo, de chelo a piano, y después a la orquesta. Entonces lloraba más y repetía, "No puedo decidir".

Finalmente nos propuso esto: "Está bien, creo que estar en la orquesta junto con las clases de chelo son demasiadas horas. La verdad, para mí también fue muy cansado. De hecho, me siento feliz de ahorita estar de vacaciones y poder tener un descanso de las prácticas. Pero, ¿creen que podríamos contratar a un maestro particular para seguir con mis clases en casa, en horarios que sean mejores para todos?"

La negociación es una muestra de comprensión de la situación planteada por nosotros, los padres.

Muy lista, ¿verdad? A esto lo llamamos negociación. Y sabes, ¡sí se vale! Está dentro de las reglas del juego. No pasa nada si nuestros hijos tratan de negociar con nosotros a la mitad del proceso de una decisión. Después de todo, la negociación es una muestra de comprensión de la situación planteada por nosotros, los padres.

Efectivamente, le buscamos un maestro de música particular. Hasta el día de hoy, ella continúa con sus clases.

Tomando buenas decisiones

Lo que nuestra hija experimentó ilustra algo: ¡qué difícil es tomar decisiones! De hecho, el tema que estamos explorando —enfocarnos en las prioridades de la familia— tiene que ver principalmente con la toma de decisiones. Esto no es fácil, especialmente si nadie nos enseñó a hacerlo. Por eso los padres debemos comprender que parte de nuestra responsabilidad es guiar a nuestros hijos a saber elegir.

Para visualizar la importancia de esto, piensa en los antónimos de la palabra decidir: dudar, titubear, vacilar, temer, ser tímido o inseguro. Luego, considera sus sinónimos: resolver, determinar, atreverse y disponer. ¿Cuáles de estos atributos te gustaría ver desarrollados en tus hijos? Es bueno que comprendan que, aunque puede ser difícil tomar decisiones, esto traerá libertad y formará liderazgo en ellos mismos.

En general, recibimos el mayor aprendizaje cuando vivimos las consecuencias de nuestras propias decisiones. Entonces, si no permitimos a nuestros hijos tomar decisiones bajo nuestra dirección cuando están en casa, ¿cómo podrán ser responsables de sus acciones? Hoy en día es más importante que nunca que enseñemos sabiduría y responsabilidad a nuestros hijos desde una temprana edad para que no crezcan sin carácter, siempre culpando a otros por su falta de disciplina o sus malas decisiones. No solo eso, sino que hay que preguntarnos, ¿qué pasará cuando ya no estemos? ¿Qué pasará cuando nuestra voz ya no sea la única ni la más importante que nuestros hijos escuchen? ¿Quién decidirá por ellos?

Como acabo de mencionar, para decidir, requerimos de enfoque. Para eso, debemos mostrarles el panorama completo, tan completo como la madurez de tu hijo te permita. Fue justo lo que hicimos con nuestra hija. Le ayudamos a ver el cuadro completo sin necesidad de abundar en cosas que ella no comprendía o que podrían enviarle un mensaje incorrecto. Por ejemplo, *no* dijimos cosas como estas:

- ¿No ves lo cansada que me siento? ¿Eso te parece justo?
- ¡Nosotros trabajamos todo el día! Solo estás pensando en ti, ¿no lo puedes ver?
- ¡Que egoísta eres! ¿No quieres a tus hermanas?

Tampoco tomamos la decisión por ella, sin tomarla en cuenta, diciendo algo aparentemente dulce como: "Esto no está funcionando para nuestra familia. Lo siento, pero ya no estarás en la orquesta. Cuando seas grande lo entenderás".

Respecto a este último y tan común argumento, es importante recordar que los niños pequeños viven en el presente. Aún para los niños más grandes, su cerebro está en desarrollo, y hay funciones como las de la noción del tiempo donde aún no han logrado esa madurez de pensamiento.[21] Necesitamos ayudarlos a pensar tanto en los efectos inmediatos de sus decisiones como en los efectos futuros.

Los padres requerimos pensar, planear y finalmente dar opciones.

Por supuesto los padres siguen a cargo de las decisiones de los hijos, especialmente los más pequeños. Esto se trata de entrenar y capacitar a nuestros hijos, no ceder nuestro papel como padres. Por eso es importante que estemos conscientes de la manera en que las opiniones de nuestros hijos nos están siendo presentadas. Deben ser sugerencias, no exigencias. Si no tomamos esto en cuenta, estaríamos entregándoles a nuestros hijos una responsabilidad que no les pertenece: la nuestra. Muchas veces parece más fácil dejar que ellos propongan, decidan y finalmente exijan, porque dentro de la paternidad hay poco tiempo y mucho cansancio, pero nuestros hijos necesitan que sigamos ejercitando nuestro rol y autoridad. Los padres requerimos pensar, planear y finalmente dar opciones, y dentro de ese contexto de opciones nuestros hijos, según su madurez y edad, toman decisiones consensuadas.

Si perdemos el equilibrio en este proceso de involucrar a nuestros hijos en la toma de decisiones, nos convertimos en uno de dos tipos de padres: o en padres sin autoridad expuestos a hijos demandantes, o en padres solucionadores expuestos a hijos dependientes. Ambos extremos traen a nuestra vida familiar una disfunción que acarrea cansancio, frustración y otras consecuencias negativas para ambas partes.

Por otro lado, cuando establecemos prioridades firmes y mantenemos nuestro enfoque en ellas, podemos guiar mejor a nuestros hijos en la toma de decisiones. Les mostraremos no solamente a tomar responsabilidad por sus vidas, sino a evaluar las opciones con base en sus valores y metas y llevar un estilo de vida congruente con sus prioridades.

Recuerda, nuestros hijos aprenden principalmente de nuestro ejemplo. Si nos enfocamos en las cosas correctas, perseverando fielmente en ellas, nuestros hijos recibirán el beneficio. Desarrollarán autodisciplina, aprenderán sabiduría y formarán una sólida base emocional, moral y lógica para enfrentar la vida con éxito. Estos son los mejores regalos que les podemos dar.

4. Planea más y estrésate menos

Es posible que no podamos preparar el futuro
para nuestros hijos, pero al menos podemos preparar
a nuestros hijos para el futuro.
—Franklin D. Roosevelt

Cuando yo era muy pequeña, le temía mucho al mar. Imaginaba que las olas podían jalarme hacia dentro y ahogarme. En cambio, mi papá siempre ha disfrutado del mar. Recuerdo pasando todas nuestras vacaciones, escapadas de fines de semana y días libres en destinos con playa. Entonces, para él era esencial no solo que mis hermanos y yo perdiéramos el temor, sino que disfrutáramos del mar.

Planeaba de manera intencional y práctica cómo lograr esto. Nos preparaba desde casa: practicaba con nosotros mientras nos explicaba la maravillosa técnica de "saltar olas". Cuando llegaba el día y estábamos ahí con nuestros pies en la arena y el inmenso mar frente a nosotros, nos tomaba de la mano y caminábamos juntos hacia el agua. Recuerdo tan clara la sensación de seguridad que me daba el saber que él me sostenía. Cada que venía una ola, me decía, "¡Brinca! ¡No tengas miedo!" Así poníamos en práctica lo que habíamos ensayado en casa.

Cuando ya había dominado el arte de saltar las olas, me enseñó algo mejor. Me decía: "Cuando la ola es demasiado grande, debes meterte en ella y atravesarla. Si no lo haces, no podrás brincar tan alto, y entonces la ola te revolcará hasta llevarte a la orilla".

Aún recuerdo lo que sentí la primera vez que dominé ambas cosas. Las risas por la diversión que nos provocaba a mis hermanos y a mí conquistar las olas eran interminables. Gritábamos de emoción y alegría porque era sumamente divertido. Mi papá había logrado su meta: hasta el día de hoy, sus tres hijos disfrutamos el mar tanto como él.

Lo que quiero ilustrar con esta pequeña anécdota es cómo la planeación en nuestra vida diaria les da seguridad a nuestros hijos. Mi papá no solamente organizaba esas salidas, sino que nos informaba de ellas con tiempo y, más importante aún, era intencional y sabio en prepararnos. Sabía lo que él y mi mamá querían vivir en familia, y diseñó estrategias y planes para lograrlo. En algo tan sencillo como un día familiar en la playa, nos dio las herramientas necesarias para disfrutar el momento y aprender algo nuevo.

Como padres, debemos valorar y practicar la planeación. Solo así vamos a poder vivir de acuerdo con nuestras prioridades familiares, como vimos en el capítulo anterior. Tenemos que ser intencionales en *planear nuestro día con base en nuestras prioridades*. Ser proactivos en planear nuestras actividades cotidianas ayuda a bajar los niveles de estrés, ahorrar tiempo y crear momentos para estar con nuestros hijos.

En mi experiencia, muchos le tenemos cierto miedo a planear. A veces pensamos que la planeación es sinónimo de monotonía, o que perderemos la espontaneidad, o viviremos en frustración cada que algo no salga justo como lo planeamos. Sin embargo, debemos comprender que el secreto radica *no en planear para controlar, sino planear para ser efectivos*.

Tal vez has escuchado una antigua, sencilla historia que Jesús compartió en una ocasión.

Supongamos que alguno de ustedes quiere construir una torre. ¿Acaso no se sienta primero a calcular el costo, para ver si tiene suficiente dinero para terminarla? Si echa los cimientos y no puede terminarla, todos los que la vean comenzarán a burlarse de él, y dirán: "Este hombre ya no pudo terminar lo que comenzó a construir." (Lucas 14:28-30 NVI).

En el contexto, Jesús estaba hablando con sus seguidores de la importancia de calcular el costo antes de tomar la decisión de seguirle. Quería que entendieran que todo compromiso requiere de una inversión importante de tiempo, energía y fidelidad. Lo mismo sucede no solamente con las decisiones morales o espirituales que tomemos, sino con todos los compromisos que aceptamos. Por eso quiero que prestes atención a las acciones de planeación sugeridas aquí.

1.- "¿Acaso no se sienta primero?".

"Primero" se refiere al orden de actividades. Antes de hacer algo, es necesario pensarlo bien. No estoy diciendo que nunca puedes actuar de manera espontánea, pero aun la espontaneidad funciona mejor dentro de los parámetros de una vida organizada. El pasaje bíblico menciona sentarse, que implica apartar un tiempo específico y establecer prioridades intencionales. Luego, con base en esas prioridades, comienza a hacer una lista: que harás primero, qué después, y así sucesivamente.

2.- "Calcular el costo".

Esto significa prevenir y estimar la inversión que alguna idea, proyecto o actividad va a requerir. No solo se trata de ponerle un precio a cada cosa que compramos, se trata de calcular cuánto estrés nos va a provocar, cuánto tiempo nos llevará hacerlo y cuánto cansancio físico y mental traerá a la familia.

3.- "Para ver si tiene suficiente".

Otra vez, esto debe incluir más que solamente dinero. ¿Tienes suficiente fuerza, tiempo, energía, conocimiento y paciencia para hacer lo que estás considerando? Para ponerlo en términos prácticos, ¿cuántas veces puedes ir y venir de tu casa en el tráfico sin que esto agote tu paciencia y termines gritándole a tus hijos y quejándote con tu cónyuge cada que llegas a casa? Para el bien tuyo (¡y de todos los demás!), tienes que reconocer tus límites.

4.- "Para terminar".

Un valor-hábito importante que debemos enseñar a nuestros hijos es el de terminar lo que empiezan. El principio de terminar lo que empezamos se traduce en responsabilidad, perseverancia, constancia y compromiso. La educación que estamos dando a nuestro hijos es para que algún día (no muy lejano, por cierto) ellos formen parte de una sociedad de adultos, tal como nosotros lo hacemos; y en esta sociedad —en su trabajo, relaciones y familia— ellos se enfrentarán a situaciones en las que obligatoriamente tendrán que llevar a la práctica estas cuatro cosas.

El autor Jon Acuff sugiere que terminar lo que empezamos requiere que nos enfoquemos en establecer metas realistas y priorizar dónde invertimos nuestro tiempo. Escribe, "No puedes hacerlo todo. Ni puedes hacer la mayor parte, pero cuando empezamos una nueva meta, tendemos a olvidarnos que tenemos que dejar de hacer algo más". [22]

Cabe mencionar que no siempre es malo dejar de hacer algo. A veces hay que explorar nuevas cosas sin saber a dónde nos llevarán; además, hay una temporada para todo (como veremos más adelante), y es importante saber cuándo una temporada ya terminó. Sin embargo, he visto que los padres a menudo vamos al otro extremo: de empezar muchas cosas y no terminar ninguna. De hecho, a esto se debe que la disciplina muchas veces no funcione, como también veremos en un capítulo subsecuente.

Sin embargo, esto no quiere decir que terminar lo que empezamos tendrá que ser difícil o aburrido para nuestros hijos. Acuff también recalca el importante papel que juegan el disfrute y la diversión en el proceso de alcanzar las metas. Es sus investigaciones, descubrió que las personas que intencionalmente se divertían como parte de lograr sus metas tuvieron un porcentaje de éxito 46% más alto.[23] Esto es especialmente significativo para los niños porque jugar y divertirse son tan importantes en su desarrollo.[24]

5.- "Si echa los cimientos y no puede terminarla".

El hombre en la historia no planeó bien, y aun así comenzó. Por su falta de planeación, no terminó. Esto habla del resultado inevitable de no calcular bien el costo antes de empezar. Fue lo que vivimos con nuestra hija cuando entró a la orquesta en aquella ocasión. Aunque sí terminamos con ese compromiso, ya no continuamos; pues el costo fue mucho mayor de lo que habíamos prevenido. Debimos investigar un poco más antes de aceptar un reto tan grande.

6.- "Todos los que la vean comenzarán a burlarse de él".

La enseñanza aquí es *la consecuencia*. La consecuencia es algo que no podemos evitarle a nuestros hijos. Tarde o temprano estas los alcanzarán: es una ley natural y espiritual. Todo en esta vida viene con letras pequeñas y, para bien o para mal, viviremos las consecuencias de nuestras acciones.

La historia de Jesús es fácil de entender porque esto nos ha pasado a todos, seguramente. No me refiero a la construcción de una torre, sino el emprender alguna actividad o proyecto sin planear —paso por paso— los gastos o inversiones que se requerirán. Claro, no es posible saber con anticipación todo lo que enfrentaremos. Pero tampoco sería sabio decir que, porque la vida es impredecible, no vamos a planear nada, y todo lo inventaremos sobre la marcha. Debemos planear lo mejor posible con base en nuestras prioridades y valores, y entonces estaremos más preparados para las cosas inesperadas que vendrán.

Sugerencias prácticas para la planeación

Entonces, ¿cómo planeamos? Te daré algunos consejos prácticos. Estas son cosas que nos han funcionado como familia, y tal vez querrás adoptarlas para la tuya.

1.- Planificación por año.

Algo que hacemos como familia es tener una plática primero mi esposo y yo (los padres) en el mes de noviembre donde evaluamos el año en curso. ¿Cuáles metas se cumplieron? ¿Cuáles no? Y lo más importante, ¿por qué sí, y por qué no? Realizamos esto en cada aspecto de nuestra vida: espiritual, económico, matrimonial, nuestras hijas, metas personales, etc. Una vez terminado eso, oramos, agradeciendo a Dios por lo logrado y pidiendo sabiduría y nuevas estrategias para el próximo año. Escribimos todo en papel (para hacerlo visible) y, por decirlo así, cerramos ese año.

Ahora estamos listos para tomar aire y en diciembre tener una nueva charla dónde estableceremos las metas del año que está por comenzar. Lo más difícil de esta actividad es tener la madurez y sabiduría suficiente como para establecer prioridades, reconocer etapas, calcular costos y sacrificios y entonces finalmente escribir aquellas metas comunes. Posteriormente sigue una nueva lista: ¿Qué acciones debemos realizar para lograr esas metas? ¿Qué le corresponde hacer a cada miembro de la familia? ¿En qué tiempos?

Como parte del proceso de pensar en el futuro, tenemos como familia un "cuaderno de sueños". Tal como su nombre indica, es un libro donde dibujamos, escribimos y detallamos muchos de nuestros sueños. Sabemos que tal vez no se llevarán a cabo en ese año en curso, pero el retomarlo nos anima a llevar a cabo las metas anteriormente asentadas.

Habiendo establecido el plan general, hacemos algo sumamente importante: lo compartimos con nuestras hijas. Además, ellas participan del cuaderno de sueños. Por supuesto que no hay una edad determinada para reconocer qué tanta información daremos, pero eso nos lo dictará la madurez de nuestros hijos.

Por ejemplo, si nuestra meta de este año es adquirir una casa nueva, hablamos con nuestros hijos explicando primero las razones por las cuales buscamos una casa nueva. Si estamos rentando, explicamos la diferencia entre tener algo propio y rentar en palabras entendibles para ellos. También les comentamos que los planes de nuestra familia son solo nuestros, y que lo mejor es no compartirlos con otras personas.

He visto varios beneficios de informar a los hijos de los planes que tenemos para el nuevo año.

- *Enseñarles la importancia de la planificación por sí misma.* Uno de los primeros beneficios que los hijos adquieren al vernos planificar o planear es precisamente el que ellos sepan cómo hacerlo.

- *Darles un sentido de pertenencia.* El hacerlos parte de los planes de la familia es precisamente corroborar que son parte de ella. El afirmar esto en sus corazones a temprana edad nos ayudará a ahorrar grandes problemas de identidad en la adolescencia.

- *Desarrollar paciencia.* Esto se traduce en procesos, sacrificios, esfuerzos, costo de las cosas, valoración del tiempo y comprensión del por qué estamos haciendo las cosas que hacemos.

- *Aliviar su ansiedad ante el cambio.* Es normal tenerle miedo al cambio, tanto para los adultos como para los hijos. Cuando hables con ellos de los planes, puedes aclarar dudas y ayudarlos a procesar los ajustes que vendrán, y así ir bajando el nivel de inseguridad que estos les podrían provocar. Conversa con ellos en particular si habrá un cambio en la rutina que siguen regularmente.

- *Motivarlos a platicar contigo.* Hablar de los planes es un buen pretexto y motivación para que ellos te compartan información no solo de lo que piensan sino de lo que sienten respecto a ese plan y por qué. Eso crea intimidad y desarrolla confianza.

Recuerda, es importante compartir las metas que ya son de común acuerdo, cuando ambos padres estamos convencidos de querer trabajar en ellas para lograrlas. Si compartimos una meta no bien planeada o con duda en una o ambas partes, esto puede provocar incertidumbre en nuestros hijos. Por ejemplo, si uno de los planes es cambiarnos de ciudad, pero uno de los padres se siente aún triste o nervioso respecto a dicha decisión, es mejor que ambos primero lo procesen y acepten el cambio, y, entonces, estarán listos para transmitirlo a sus hijos con seguridad.

Posteriormente hablaremos del plan. Esta es la parte importante, porque hasta ahorita solo hemos compartido la meta. Lo que sigue es hablar de planes y, posteriormente, estrategias. Siguiendo con el ejemplo de la compra de una casa nueva, imaginemos que ya nuestros hijos saben y estamos todos contentos y convencidos de la decisión que estamos tomando como familia. Ya identificamos y explicamos cuál es la necesidad, y con base en eso, establecimos una meta.

La meta es que nuestros hijos se sumen con nosotros y que nuestros logros se conviertan en suyos también.

Entonces toca hablar de la parte más importante: calcular el costo. No hablo precisamente del total de la casa, sino del mensaje que ellos deben recibir. Por ejemplo, que todos haremos ajustes o sacrificaremos algo, o que es el momento de recortar gastos familiares. Podemos utilizar frases como: "Este año no saldremos de vacaciones porque estamos trabajando en lograr nuestra meta familiar", o "tendrán que elegir entre sus clases de pintura o de baile por este semestre". Estas frases son más entendibles, lógicas y aceptables que, "Este año no saldremos de vacaciones porque no tenemos dinero", "¡No podemos y ya!", o "Así lo hemos decidido nosotros, tus padres".

La meta es que nuestros hijos se sumen con nosotros y que nuestros logros se conviertan en suyos también. Como familia somos un equipo en el cual compartimos responsabilidades y celebramos nuestros triunfos.

2.- Planificación por mes.

Ya teniendo un plan, vamos separando las acciones por hacer por mes y establecemos metas a corto plazo. Insisto, este tipo de planes no tiene solo que ver con el aspecto económico o laboral, tiene mucho que ver con la educación que estamos dando a nuestros hijos. En nuestro plan anual, vienen descritas metas a desarrollar en ellos, y tratamos de asignar un tiempo específico para lograr esas metas. Por ejemplo, que este verano nuestro bebé (en su etapa de transición a niño pequeño) aprenda a controlar el esfínter. O que, durante un periodo o en un tiempo específico, nuestras hijas tomen cierta clase o desarrollen algún hábito nuevo.

La Biblia también habla mucho de la importancia de los planes. Creo que este punto es importante, porque significa que contamos con el apoyo de Dios en las actividades cotidianas que realizamos. Por ejemplo, Salmo 20:4 dice: "Que te conceda lo que tu corazón desea; que haga que se cumplan todos tus planes". ¿Cómo podríamos recibir esta bendición si no estamos planeando?

3.- Planificación por semana y por día.

La manera en que planeamos será diferente para cada uno, por supuesto. Mi esposo hace una lista todas las semanas de las cosas por hacer y metas por cumplir. Me encanta verlo, antes de dormir, cuando saca esa lista en su teléfono y comienza a borrar las acciones que realizó durante el día. La expresión de su rostro es de descanso y satisfacción, y eso le motiva al día siguiente a seguir cumpliendo las metas propuestas.

En mi caso, no siempre hago una lista tan específica como la de mi esposo. Más bien, cada día de la semana lo dispongo para actividades específicas. Por ejemplo, aunque todos los días trabajo en la escuela, aparto los lunes, miércoles y viernes para estar ahí todo el día: atiendo citas, superviso y tengo reuniones con otras directoras y mi equipo de trabajo, y doy clases en una secundaria, entre otras actividades. Los martes dejo un horario libre para organizar mis citas de trabajo de la iglesia: sesiones de consejería, reuniones, clases, etc. Los jueves aparto la tarde para atender cosas más inclinadas al hogar: hacer las compras, arreglar cosas pendientes en casa, ir a la tintorería, realizar algún depósito o pago, etc. Los sábados tratamos de solo hacer planes de familia, y los domingos todos asistimos a la iglesia, y después es nuestro tiempo de familia y amigos. De esta manera, si alguien el domingo me pide apoyo de consejería, yo sé que solo tengo el martes (en determinados horarios) para atenderlos, a menos que sea una emergencia. De igual manera, el personal de administración académica en el colegio donde trabajo saben que los lunes, miércoles y viernes pueden agendar citas o juntas en cualquier horario sin tener que consultarlo conmigo.

Recuerdo cuando decidimos mi esposo y yo empezar el hábito de compartir nuestras listas de cosas por hacer el uno con el otro. La idea surgió porque un día le mencioné que había tenido un día bastante pesado. Había estado mucho tiempo manejando por motivos de trabajo, y mi horario de salida me alcanzó en una de las oficinas de gobierno. Nuestra casa está a unos minutos de este lugar, pero la escuela de mis hijas se encuentra ubicada hacia el otro extremo. Así que, después de un largo día, pasé una hora más regresando por las niñas, luego llegué a casa y realicé nuestras actividades de rutina.

Mi esposo me respondió: "Por esa hora yo estaba cerca de la escuela de las niñas. Si me hubieras avisado, yo habría pasado por ellas".

Desde ese día acordamos platicar un poco acerca de nuestras actividades por hacer al siguiente día. El ponernos de acuerdo y apoyarnos más nos ha quitado estrés, ahorrado gasolina y creado más tiempo para nosotros.

Si eres una madre soltera o padre soltero, la planificación puede ser de todavía más beneficio. Trata de buscar apoyo con anticipación de amigos y familia o ponerte de acuerdo con otros padres de la escuela para compartir las responsabilidades como el transporte y actividades extracurriculares.

A continuación, te dejo con una historia más que ilustra la importancia de planear con base en las prioridades que tenemos, considerando siempre el costo e identificando los efectos que los planes tendrán en nuestra familia.

Ejemplo: proyecto vacaciones

La familia Aguilar estaba conformada por el matrimonio Aguilar y sus cuatro hijos, todos entre ocho y quince años. La familia tenía ya tres años estableciéndose como meta tener unas vacaciones en familia. Lamentablemente, esa meta no se había cumplido, así que ambos padres se comprometieron a no pasar un año más sin lograr su objetivo. Lo comunicaron a sus hijos, lo cual resultó en un entusiasmo generalizado. Recuerdo que sus palabras exactas fueron: "No importa lo que tengamos que hacer, este año realizaremos el viaje".

La intención detrás de su deseo era buena: deseaban darles a sus hijos memorias especiales y diferentes y, a su vez, tomar ellos un descanso. La situación se complicó porque al comunicarlo a sus hijos (dos de ellos adolescentes), no establecieron un límite ni presupuesto. Permitieron que todos se sintieran merecedores del viaje, incluyendo a los padres. Así que las opciones a elegir, como podrás imaginarte, eran infinitas.

El primer conflicto al que se enfrentaron fue, ¿a qué destino viajarían? Unos querían aventura, playa y calor mientras que otros anhelaban grandes ciudades con lugares icónicos. Para cuando lograron ponerse de acuerdo, ya había inconformidad en algunos de los miembros, incluyendo los mismos padres. Aún estaban por enfrentarse a otra eventualidad: el destino elegido superaba por lo menos tres veces el presupuesto que el padre había estimado en su mente (más no lo había comunicado durante la etapa de planificación), especialmente porque había prometido realizar varias actividades especiales para los que habían quedado inconformes con el destino.

Finalmente, la familia llevó a cabo el tan esperado viaje. Cabe mencionar que, para costearlo, el Sr. Aguilar tomó dinero de las cuentas de ahorros, canceló algunas pólizas de seguros familiares por varios meses, incumplió en algunos pagos corrientes y durante su semana de vacaciones utilizó todas sus tarjetas de crédito para cumplir con las expectativas de su pareja, de él y de sus cuatro hijos.

Al regresar a casa, traían consigo memorias especiales, aventuras nunca antes vividas y momentos buenos e inolvidables. Aparentemente este matrimonio había llevado a cumplimiento su tan sonada frase: "No importa lo que tengamos que hacer, este año realizaremos ese viaje". Pero nuevamente habrá que preguntarnos: ¿Cuál fue el costo? ¿Valió la pena?

Las decisiones económicas que habían tomado para pagar el viaje provocaron una avalancha inaplazable de llamadas constantes de diferentes acreedores, bancos, agencias y colegios. Pasaron por lo menos dos años completos tratando de reparar los daños de una mala decisión. Fueron meses y meses de estrés, de insomnio, de peleas. Perdieron uno de sus carros por incumplimiento de pago, lo que trajo aún más estrés porque ahora el Sr. Aguilar debía utilizar el transporte público para llegar a su trabajo, y eso a veces lo hacía llegar tarde, dormir menos y regresar a casa más agobiado. Ambos padres manejaban sentimientos de culpa. Se hacían las clásicas preguntas de: ¿cómo llegamos a esto? ¿En qué estábamos pensando?

Cabe mencionar que estas preguntas son difíciles pero importantes. Finalmente estaban recobrando la cordura, que es algo necesario en momentos así. Es un sentimiento duro, porque es ser impactado fuertemente con el reconocimiento del error cometido, pero nos reenfoca en las prioridades de la familia.

Ahora bien, ¿cuál fue el error principal de los Aguilar? La falta de planificación para mantenerse dentro de los parámetros económicos. Repito: debemos ser sabios al comprender que los límites protegen a nuestra familia, y por ende deben establecerse y respetarse.[25] La planificación nos ayuda precisamente en esto.

¿De qué otra manera la familia Aguilar hubiera podido cumplir con su tan preciada meta sin llegar a tener estas consecuencias económicas?

1. Los padres deberían haber hablado primero a solas, estableciendo parámetros y expectativas entre ellos.

2. Los padres deberían haber tenido claras sus intenciones: darles memorias inolvidables, más no cumplir con cada expectativa. ¿En qué momento sus buenos deseos se desvirtuaron? Cuando les permitieron a sus hijos tomar una responsabilidad para la cual aún no tenían la madurez suficiente sin presentarles límites. En su afán de agradar, complacer y satisfacer los deseos sin control de niños y adolescentes, cayeron en la trampa del callejón sin salida, creyendo: "¡Ahora tenemos que hacerlo! Es nuestra responsabilidad cumplir sus sueños, y no vamos a decepcionarlos".

3. Los padres deberían haber establecido un presupuesto realista. Luego, con base en él, hubieran elegido dos o tres opciones de destinos que encajaran en dicho presupuesto.

4. Finalmente, deberían haber hablado con sus hijos, afirmando claramente los primeros tres puntos. Hubieran hecho comentarios y preguntas como estas: "¿Cuál creen que es el propósito de nuestro viaje? Este es nuestro presupuesto y estos son los posibles destinos a los que podemos ir. ¿Les parece si juntos planeamos nuestras vacaciones? Queremos que todos opinen, y luego nosotros como padres tomaremos la decisión final".

No cabe duda de que los padres Aguilar tenían buenos corazones. Querían lo mejor para sus hijos, y también querían unas merecidas vacaciones para ellos. Solo les hacía falta el enfoque y la planificación basada en las prioridades de la familia.

Seguramente, todos hemos vivido experiencias parecidas. Es muy fácil dejarnos llevar por el deseo de ver felices a nuestros hijos. ¿Cómo podemos evitar que pase esto? Es muy sencillo. Manteniendo nuestro enfoque en las prioridades y valores de la familia y haciendo planes congruentes con ese enfoque.

No podemos evitar cada situación difícil, por supuesto. Y claro, vamos a cometer errores porque no dejamos de ser personas falibles. Habrá planes que no resultarán y decisiones de las cuales nos arrepentiremos. Pero si mantenemos el enfoque correcto, trabajando fielmente para lograr los objetivos que hemos establecido como familia, esos momentos difíciles serán la excepción. Experimentaremos crecimiento, disfrutaremos paz y unidad y veremos metas alcanzadas. Y lo mejor de todo: esto se logrará juntos, en familia, rodeados de seres queridos que hacen el mejor equipo.

5. Cómo piensan los niños (y qué significa esto para ti)

Lo importante es no dejar de cuestionar.
La curiosidad tiene su propia razón de existir.

—*Albert Einstein*

A lo largo de 20 años, he tenido la oportunidad de observar a cientos de niñas, niños y adolescentes, desde los dos hasta los 15 años de edad, llegar a su primer día de clases. Como te podrás imaginar, durante las primeras cuatro horas de la jornada educativa del año, puedo observar prácticamente todas las emociones humanas existentes desfilar frente a mí.

Tengo grabadas en mi mente sus expresiones tan distintas, pero tan emotivas. Fácilmente puedo volver a percibir el entusiasmo de muchos, el nerviosismo de algunos, y un sentimiento de cautela en otros. No podré olvidar el sonido de sus risas y tantos timbres de voz hablando al mismo tiempo. Me encanta pensar en sus ojos llenos de primeras veces, de aventura, de descubrimiento. Recuerdo otros, con ojitos húmedos, experimentando el desprendimiento de sus figuras de apego.

También, cada ciclo escolar, puedo identificar esta oleada de emociones en los rostros de los padres. Por supuesto desean que el primer día de clases sea feliz e inolvidable para sus hijos, pero luchan discretamente con sus propios nervios, temores, prisas y desapego. Este conflicto interno es más obvio cuando los niños pequeños, al bajarlos del automóvil, lloran desconsoladamente, mirando a sus padres como si los estuvieran abandonando. En estos momentos, es tan importante que los padres estén emocionalmente preparados para transmitir a sus hijos la confianza que requieren para los nuevos comienzos.

Lo que quiero ilustrar con esta experiencia es que hay una diferencia importante entre los niños y los padres. Mientras los niños se dejan llevar por las emociones, pensamientos y experiencias del momento, los padres ejercen dominio propio, manteniendo bajo control sus emociones y palabras con tal de dar estabilidad a sus hijos. Bueno, ¡por lo menos en teoría! También los papás a veces pierden el control de sus emociones. Pero aun cuando pasa eso, muy pronto se calman y buscan ser razonables por el bien de sus hijos.

Este equilibrio mental-emocional es un resultado de la madurez. Es algo que *aprendemos* y *desarrollamos* durante nuestro propio crecimiento, no solamente en la infancia y adolescencia, sino a lo largo de la vida.[26] Como padres, nos toca también enseñar este equilibrio a nuestros hijos, ayudándolos a formar estabilidad interna.

Por supuesto, esto va conectado a su edad y su etapa de desarrollo, por lo cual es importante entender cómo funciona la mente infantil y adolescente. Si vamos a reproducir en ellos estabilidad y madurez, tenemos que entender bien cómo funciona el cerebro. ¿Cómo procesamos las emociones? ¿Cómo tomamos decisiones? ¿Cómo aprendemos? ¿Qué cosas recordamos más? ¿Cómo podemos estimular y motivar de maneras efectivas a nuestros hijos a tomar mejores decisiones? ¿Cómo podemos lograr equilibrio mental-emocional en nuestros hijos y en nosotros?

Buscar el equilibrio, no la perfección

Antes de contestar estas preguntas sobre el funcionamiento del cerebro, debemos reconocer que todo crecimiento implica un proceso. Tanto el manejo de emociones —que es tan visible el primer día de clases— como el mismo cerebro físico tienen que pasar por etapas prolongadas de desarrollo.[27]

Esto es importante porque nos ayuda a ser realistas durante el proceso. En los últimos años, he observado cómo ha incrementado la incertidumbre en los padres. Ya no hablo del primer día de clases, sino que en general veo más ansiedad, más temor al futuro, más preguntas como:

- ¿Qué tengo que hacer? ¿Cómo lo hago?
- ¿Mis hijos van bien? ¿Esto que están haciendo, diciendo o viviendo es normal?
- ¿Destacan en algo? ¿Debería presionarlos más o solo dejarlos explorar?
- ¿Debería dejar que ellos solos experimenten consecuencias, o marcar más límites?

Cuando la incertidumbre toma control en nuestro cerebro, tendremos una mayor urgencia para actuar por emociones descontroladas que por utilizar la inteligencia. Los padres necesitamos desarrollar y mantener prudencia y cordura; es decir: tranquilizarnos, hacer un alto, tomar un respiro y acallar las voces que nos exigen perfección.

Acéptalo: la paternidad es una experiencia real en la que la perfección no tiene cabida. Más bien, lo que se busca es *un aprendizaje equilibrado*. O dicho de otra manera, un equilibrio mental-emocional que permita y fomente el aprendizaje natural. Lo que funciona mejor con la crianza es precisamente lo que crea verdaderas conexiones para el aprendizaje en el cerebro de nuestros hijos: el proceso que llamamos ensayo y error.

Si exigimos perfección de nosotros o de nuestros hijos, solamente terminaremos (ambos) frustrados, apenados y desanimados. ¿Por qué? Porque la perfección es un extremo, no un punto de equilibrio. Es un concepto irreal, no un proceso. Y es una meta impersonal, no una conexión con nuestra humanidad. Recuerda, la meta no es ni ser perfectos ni esperar la perfección ajena, sino vivir y crecer todos con balance y estabilidad.

Por ejemplo, piensa en el momento cuando tus hijos tomaron sus primeros pasos o cuando aprendieron a andar en bicicleta. Más que cualquier otra cosa, tuvieron que desarrollar equilibrio. Seguramente se cayeron algunas veces, ¿verdad? Ante esa situación, no los regañabas, sino que los cuidabas y los animabas a seguir intentando. Te quedabas a su lado para evitar caídas severas, aunque no podías protegerlos de todo golpe o dolor. Al final de cuentas, aprendieron a ensayo y error, y tú como padre o madre estuviste a su lado echándoles porras todo el tiempo.

Una expectativa de perfección es el peor enemigo del equilibrio (y por ende, del aprendizaje), porque no permite el ensayo y error.

Así debería ser en todas las áreas que nos toca supervisar como padres: buscar que desarrollen equilibrio y que avancen en su crecimiento. El equilibrio no es algo que se tenga automáticamente; es algo que se crea, poco a poco, de manera natural.

Por eso una expectativa de perfección es el peor enemigo del equilibrio (y por ende, del aprendizaje), porque no permite el ensayo y error. Esta expectativa exige perfección desde el primer intento, lo cual únicamente intimida y paraliza a los hijos.

Volviendo a la ilustración de aprender a caminar, es precisamente el ensayo y error lo que da como resultado que un bebé pueda lograr una postura vertical. Es decir, aquellas múltiples experiencias de movimiento que se han repetido durante los primeros meses de vida permiten que vaya adquiriendo cada vez más equilibrio. Se sienta, se para, gatea y, en algún momento, toma su primer paso. Luego aprende a correr, a brincar, a treparse en árboles, a nadar y una infinidad de cosas que como padres nos alegran y nos asustan al mismo tiempo. Es un proceso bello, emocionante y natural, a pesar de los esporádicos golpes y lágrimas que lo acompañan.

Es interesante notar que no estamos conscientes del equilibrio cuando está funcionando bien. Al andar en bicicleta, solo piensas en tu equilibrio si lo pierdes, ¿no es así? Pasa lo mismo con el equilibrio mental y emocional. Solamente pensamos en él cuando alguna situación produce un desbalance. Por ejemplo, cuando nuestros hijos tienen una reacción emocional extrema porque un juguete suyo se perdió o porque un compañero les dijo algo grosero en la escuela.

Menciono esto porque es importante no exagerar *nuestra reacción* ante el desequilibrio ocasional de *nuestros hijos*. En serio, ¡no van tan mal! Han aprendido mucho, han madurado, han crecido. Están en un proceso natural pero tardado (y repito, ¡estamos en el mismo barco!). A menudo no nos enfocamos en lo que han aprendido, sino en lo que falta por aprender, y eso provoca frustración cuando, en realidad, están actuando de una manera completamente normal para su edad.

¿Cómo está estructurado el cerebro?

Esta idea del comportamiento "normal" y "anormal" es difícil de comprender para muchos. Creo que se debe, en parte, a que muchas veces no vemos más allá de la superficie cuando nuestros hijos hacen algo incorrecto o inesperado. Juzgamos las acciones o palabras sin entender qué está pasando a nivel cerebral.

Si te pidiera explicarme cómo funciona un reloj analógico, ¿te sería sencillo hacerlo? Probablemente la mayoría de nosotros no tenemos la más mínima idea de las partes de un reloj. La razón por la que ignoramos esto es muy sencilla: no nos interesa. En realidad, solo nos importa la hora.

Sin embargo, el hecho que ignoremos las partes que componen un reloj, no quiere decir que no existan. Tampoco quiere decir que no requiera de cada una de ellas para su funcionamiento. Al final del día, si a ese reloj le hiciera falta algún resorte, engranaje o tornillito, no tendríamos nuestra preciada y tan necesaria hora.

Hablando de tornillos, la frase "se le zafó un tornillo" la utilizamos para referirnos a alguien que a nuestro parecer está actuando de forma irracional. A decir verdad, he tenido pláticas con padres que utilizan esta frase para referirse a sus hijos, en especial cuando pasan por la adolescencia. De hecho, ¡algunos padres han llegado a la conclusión que se les zafaron todos los tornillos!

Un reloj tiene un sinnúmero de componentes, y la sincronía de sus partes da un resultado necesario para la estabilidad, orden y planeación del mundo hoy en dia. De igual manera, nosotros fuimos creados con complejidad y con un mecanismo interior. El problema es que la mayoría de nosotros ignoramos cómo funcionamos. ¿Qué hay dentro de nuestra caja? La pregunta pudiera ser aún más compleja: ¿cómo funciona el cerebro de nuestros hijos? ¿Qué pasa por su mente?

Por eso quiero compartir algunos datos importantes acerca del funcionamiento de nuestro cerebro y, en especial, su relevancia en el desarrollo y comportamiento del ser humano en las primeras dos décadas de vida. Así, comprendiendo una pequeña parte, de manera un poco superficial, nos será más sencillo entender el comportamiento de nuestros hijos e inclusive de nosotros mismos.

Nuestro cerebro está dividido en dos hemisferios: derecho e izquierdo. Cada uno ejecuta funciones distintas, así que vamos a simplificar cómo es que nuestros dos hemisferios funcionan y la relación que existe entre ambos.[28]

1.- Hemisferio derecho.

No es verbal, en cambio piensa y recuerda a través de imágenes. Se deleita en la creatividad, y está más conectado a la emoción que a la razón. Es perceptivo y siempre atento a las expresiones corporales, el tono de voz y el contacto visual. Disfruta de las relaciones, el arte y la música. En este hemisferio se encuentran la orientación espacial y la capacidad para captar y expresar las emociones. Es holístico y global, generalizando las situaciones de la vida y viendo las cosas de manera integral, no por fragmentos. Para él, es muy importante el significado y la sensación de una experiencia.[29]

2.- Hemisferio izquierdo.

Está conectado con el uso del lenguaje verbalizado. Es gramatical y lingüístico. Busca y desea el orden, coloca las cosas en una secuencia, hace listas. Este hemisferio es razonable y lógico. Tiende hacía el análisis, disfruta de los números y se deleita con la estructura. Para él, es muy importante el orden y la lógica de una experiencia.[30]

En términos generales, comúnmente decimos que *el izquierdo se enfoca en el texto y el derecho en el contexto.* Otra manera de decirlo es que al hemisferio izquierdo le inquieta y ocupa más "la estructura de la norma" (lo que se dijo o se hizo); en cambio, al hemisferio derecho le inquieta y ocupa más "el alma de la norma" (como le hicieron sentir y qué experiencias tuvo en los vínculos que formó con los demás).

Por ejemplo, el hemisferio derecho podría llevar a nuestro

hijo a enojarse con su hermano, y el izquierdo le sirve para defenderse cuando le tratamos de confrontar. Tal vez estas respuestas te suenan familiares: "¡No le pegué! Solo lo toqué para que me hiciera caso". O, "No la rasguñé, solo que accidentalmente pasé mis uñas por su brazo". Aquí los dos hemisferios están trabajando en equipo, ¡pero no para el bien!

El hemisferio derecho es el que impulsa a un niño a decir cosas como: ¡Tú no me quieres! ¡Me muero si no me lo compras! ¡Tú siempre pides que yo haga más que mis hermanos! ¡Amas más a mi hermana! Como ya lo habrás identificado, el drama está localizado en nuestro hemisferio derecho. (Por eso tantos puntos exclamativos en el texto, de hecho).

Desde la perspectiva del desarrollo, durante los primeros años de vida, somos dominados por este hemisferio. Por esto un niño de tres años no tiene la capacidad de utilizar las palabras exactas para expresar sus sentimientos, aplicar la lógica o preocuparse por el tiempo y las obligaciones. Su cerebro todavía no puede comprender muy bien los conceptos que pertenecen al hemisferio izquierdo. No es una falta de disciplina, carácter o modales, sino una realidad física fuera de su control. Pero ¡no te desesperes! Pronto verás cambios externos que serán un reflejo de su desarrollo interno.

¿Cómo sabemos cuándo el hemisferio izquierdo está activándose? Cuando nuestros hijos comienzan a preguntar el porqué de las cosas. Ahí es donde vemos emerger a la superficie las preferencias del hemisferio izquierdo. Detrás del porqué de nuestros hijos, se encuentra la relación acción-reacción (las consecuencias) y la necesidad de expresar esta lógica verbalmente. Justamente cuando te están fastidiando con mil preguntas es cuando más debes celebrar, porque su hemisferio izquierdo está empezando a participar.

Aquí es donde volvemos al tema del equilibrio. Para tener

una salud mental, los dos hemisferios de nuestro cerebro requieren trabajar en armonía. Deben estar integrados. El lado izquierdo no es ni mejor ni peor que el lado derecho. Como las emociones y la lógica tienen su propio lugar y funcionan mejor cuando están conectados, también los dos hemisferios deben de trabajar en equipo. De este modo, nuestros hijos estarán equilibrados.

> *Para tener una salud mental, los dos hemisferios de nuestro cerebro requieren de trabajar en armonía.*

En general, un niño con padres poco amorosos o que ha experimentado abuso (emocional, físico, psicológico, etc.) desarrollará más el hemisferio izquierdo. Entonces, podría ser catalogado por otros como alguien insensible. Por otra parte, un niño que creció emocionalmente sobre estimulado, con aparentes muestras de amor pero sin disciplina, dirección o corrección, puede que pierda la importancia de su hemisferio izquierdo. Por lo tanto, podrá tener una tendencia a ser desorganizado, dramático, emocionalmente inestable, indisciplinado, etc.

Por supuesto, hay otros factores que contribuyen al comportamiento de los niños. No todo se debe a la formación del cerebro. Sin embargo, como un reloj, todas las partes del cerebro tienen que funcionar para lo que fueron diseñadas o habrá resultados negativos. Por eso debemos procurar desarrollar ambos hemisferios: el lado izquierdo con su lógica, orden, disciplina y estructura, y el lado derecho con su creatividad, emociones y espontaneidad.

Como en todo, esto es un proceso. Por eso hablamos anteriormente del aprendizaje por ensayo y error. Conforme nuestros hijos vayan creciendo, comienzan a desarrollar poco a poco las habilidades que ambos hemisferios les ofrecen y a aplicarlas en su vida diaria. Por eso es importante exponer a nuestros hijos a experiencias que les ayuden a desarrollar proporcionalmente las dos partes del cerebro.

Crear conexiones en el cerebro

Este desarrollo proporcional y completo del cerebro es el resultado de las experiencias que el niño vive. Mencioné arriba que viene generalmente a través del ensayo y error. Por eso hay que evitar la tiranía de la perfección. ¿Cómo van a aprender de los errores si nunca tienen la oportunidad de ensayar?

Ahora, esto no quiere decir que no podamos enseñarles nada o que todo lo tengan que aprender a golpes. Al contrario. Soy directora de una escuela, y creo firmemente en la importancia de la educación oral y escrita. Sin embargo, entiendo también las limitantes de solo decir o informar, cuando todavía no saben conectar esa enseñanza a la vida real. Una cosa es decir a nuestros hijos que no toquen la estufa porque está caliente. Otra cosa es que sepan por experiencia qué significa "caliente" (¡y cómo duele!).

Ojalá nos hagan caso sin tener que vivir muchas experiencias negativas. Pero recuerda, aprenden de todo lo que viven, no solo de lo que escuchan. Por eso debemos proveer un contexto donde pueden experimentar y aprender con seguridad, pero sin una expectativa de perfección.

La ciencia nos enseña que todos aprendemos por medio de nuestros cinco sentidos: oído, vista, olfato, tacto y gusto. Cuando escuchamos, vemos, olemos, probamos o tocamos algo, eso envía una señal a nuestro cerebro e inmediatamente este guarda la experiencia por medio de un patrón de *conexiones*.

Las conexiones cerebrales son increíblemente importantes. Nuestro cerebro está formado por neuronas (células nerviosas).

Sin embargo, el número de neuronas no es lo más importante, sino las conexiones entre ellas. A estas se les llama *sinapsis*.[31] Cualquier experiencia a la que nuestros sentidos son expuestos provoca conexiones, y en este patrón de conexiones es donde almacenamos la memoria. Cuando nuestro cerebro recibe información de un tema ya conocido, simplemente agrega *más* información que activa *más* conexiones y suma los nuevos aprendizajes al patrón que ya tenía. Es decir, lo amplía, lo afina y lo perfila.

Debemos proveer un contexto donde pueden experimentar y aprender con seguridad, pero sin una expectativa de perfección.

Entonces, ¿qué podemos hacer para que el cerebro de nuestros hijos tenga el mayor número de conexiones positivas? La respuesta es sencilla: cuantas *más zonas* distintas del cerebro conecten, más conexiones almacenarán. Además, mientras *más conexiones haya* en un aprendizaje, mejor lo recordarán. Y, finalmente, cuando esas experiencias son *repetidas*, las conexiones se amplían y se refuerzan.

Para lograr aprendizajes eficaces, debemos buscar exponerles a experiencias contextualizadas, es decir: ambientes que estimulen la mayor parte de sus sentidos, que involucren las emociones; porque eso es lo que su cerebro necesita para aprender cualquier cosa, ya sean conceptos, valores, actitudes, aptitudes o habilidades.

El cerebro humano está en constante crecimiento, pero hay dos momentos sumamente importantes en el que los padres requerimos prestar especial atención al desarrollo cerebral de nuestros hijos: en los *primeros seis años* de vida y en *la adolescencia*.[32] En estas dos etapas, sus cuerpos comienzan a tener cambios físicos que son evidentes para todos. Sin embargo, la transformación que se está produciendo en sus cerebros es igualmente importante que los cambios físicos y externos. Como no podemos ver el cerebro, pareciera que a veces olvidamos que es parte de su cuerpo. Tenemos que mantener en mente que aquello que está pasando dentro de sus cerebros es importantísimo en su desarrollo, no solamente lo que está pasando por fuera.

Estas dos etapas son distintas a las demás por la gran cantidad de conexiones cerebrales que se forman. Por eso es esencial entender lo que está pasando durante estos años y hacer todo lo posible para fomentar su aprendizaje y crecimiento.

La primera etapa crítica: niños pequeños

Durante los primeros años de vida (desde bebés que comienzan a gatear hasta los cinco o seis años) nuestros niños pequeños naturalmente siguen el instinto de desarrollar control corporal.[33] Por dentro forman muchas de las conexiones vitales en el cerebro; gracias a su uso ganan fuerza muscular, se levantan sobre sus manos y rodillas, gatean y, finalmente, caminan. Una vez que adquieren este logro, sus manitas son completamente libres para seguir desarrollando habilidades manipulativas; ahora prestan más atención al desarrollo de capacidades que son exclusivamente humanas, como la capacidad de hablar y utilizar el lenguaje corporal–simbólico.

Si somos conscientes de esto, seremos más intencionales en ayudarles a desarrollar nuevas habilidades y permitirles vivir experiencias que desarrollen sus cerebros. Sobre todo, seremos conscientes de la paciencia que necesitamos extenderles durante sus procesos de ensayo y error.

El cerebro de nuestros hijos creará una memoria estimulada

principalmente por sus sentidos y emociones. Por lo regular, los hijos pequeños no recordarán lo vivido a nuestro lado con *memorias específicas*, sino con *memorias emocionales*: es decir, cómo los hicimos sentir. De ahí la importancia de asegurarnos que vivan experiencias positivas y seguras.

¿Cómo hacemos esto? En un capítulo anterior, hablamos de las prioridades, principios y valores en la casa. Establecer valores en la familia y crear experiencias emocionales a partir de ellos permite un ambiente de aprendizaje continuo, natural y sano.

Por ejemplo, si deseamos enseñar *gratitud*, el ambiente en que se instruya este valor debe contribuir a dicha enseñanza. Es decir, procurar que existan momentos en que ellos experimenten emociones gratificantes relacionadas con el valor que estamos transmitiendo. Cuando son pequeños y les pedimos que nos traigan algo, en el momento que hacen ese acto de servicio, mirarlos a los ojos, sonreír y rodearlos con un abrazo mientras decimos: "¡Muchas gracias!". Cuando sean más grandes y tengamos algún logro como familia —desde lo más sencillo— sonreír y decir: "¡Qué bueno que lo logramos, me siento muy feliz y agradecido por esto!". Este tipo de acciones y palabras produce en nuestros hijos una serie de conexiones que más adelante los harán recordar que la gratitud es placentera.

Hay varias características específicas de los cerebros de los niños pequeños que debemos tomar en cuenta como padres.

1.- La falta del concepto del tiempo.

La noción del tiempo es algo que no comprenden bien cuando son pequeños, como señalé arriba. Esta incapacidad significa que a veces necesitan atención y dirección de nuestra parte. Nuestros hijos pueden jugar sin límites. Si los padres no interrumpimos, ya sea llamándoles o pidiéndoles que cambien el juego o vengan a comer o conversar con nosotros, ellos seguirían jugando hasta que el sueño los venza y se queden dormidos en el suelo o sillón. De hecho, en la actualidad es cada vez más común la llamada "adicción" a aparatos electrónicos, donde los pequeñitos que no tienen supervisión en ocasiones no solo se quedan dormidos, sino que en casos extremos no comen o hasta se hacen del baño sin darse cuenta del tiempo que ha pasado.

2.- La certeza de la invencibilidad.

Los pequeños tienden a pensar que "todo lo pueden". El concepto de "no puedo" es adquirido más delante por parte de sus cuidadores, padres o tutores. Gracias a esto, el ser humano promedio logra caminar, a pesar de caerse una y otra vez: como bebé, lo intenta hasta que conquista el equilibrio. Su cerebro está encriptado para intentar las veces que sean necesarias.

Por supuesto, aunque los niños pequeños creen que pueden hacerlo todo, hay muchas cosas que no deben intentar todavía. Los padres tenemos el reto complicado de prevenir los posibles peligros que acompañan su confianza extrema (el no medir las consecuencias de sus acciones) sin dañar su confianza o estorbar el aprendizaje sano del ensayo y error, como ya vimos.

3.- El aprendizaje dirigido por la imitación.

El cerebro de nuestros bebés y niños pequeños está configurado para observar e imitar. Es aquí donde nuestra responsabilidad está comprometida porque principalmente nos imitarán a nosotros. Por eso frecuentemente escuchamos frases como "¡Es igualito a ti!" o "Eso se lo sacó de su papá" de amigos y familiares, no solo con respecto a lo físico, sino los gestos, reacciones, temperamento, impulsividad, rasgos de carácter, humor y muchas características más.

4.- El aprendizaje a través de la exploración.

El bebé conoce el mundo por medio de sus manos. No solo requiere de la observación, sino necesita tocar, sentir, participar. A través de los cinco sentidos construye sus primeras representaciones y estructuras cognitivas: tamaño, temperaturas, espacio, forma, tiempo y color; y, al expresarse, forma representaciones mentales. Ese mundo es tan pequeño y ordinario para nosotros, pero tan enorme y fascinante para ese pequeño par de ojos. Los bebés y niños pequeños requieren de nuestra confianza y libertad para satisfacer su deseo de investigar y de explorar el mundo.

La segunda etapa crítica: adolescentes

La segunda etapa cuando es sumamente importante tomar en cuenta el cerebro y sus conexiones es la adolescencia. Como padres, son evidentes para nosotros los cambios y excesos emocionales, las respuestas a veces incongruentes o extremistas, y las malas elecciones o decisiones. Lo que no es tan evidente es el porqué. Cuando se trata de los bebés, es fácil entender la falta de desarrollo cerebral debido a su tamaño y debilidad física. Del mismo modo, sabemos instintivamente que no actuarán como adultos. Sin embargo, los adolescentes son más grandes físicamente y tienen mayor independencia. Por ende, frecuentemente sobreestimamos su capacidad mental y emocional.

Es importante mantener en mente que el cerebro adolescente aún no ha terminado su desarrollo y todavía no está completamente formado. Las diferentes partes del cerebro maduran a edades diferentes. ¿Qué significa esto? Veamos estas dos partes del cerebro para entenderlo.

La corteza prefrontal madura completamente entre los 18 y los 25 años.[34] Desempeña un papel importante para regular el ánimo y la atención, controlar los impulsos y pensar de manera abstracta, lo que incluye tanto la habilidad de planificar a futuro como ver las consecuencias del comportamiento. Es como un regulador o freno.

La amígdala, en cambio, se desarrolla años antes. Desempeña un papel por emoción y por agresiones instintivas, casi por reflejo.

Esta discrepancia en la madurez del cerebro puede explicar una parte del comportamiento adolescente. El Doctor Andrew Garner, miembro del comité de aspectos psicosociales de la salud infantil y familiar de la Academia Americana de Pediatría, dice: "Los neurocientíficos han pensado durante mucho tiempo que la madurez de la CPF regula la AMG, al frenar los impulsos emocionales, agresivos o instintivos. Descubrir que la AMG madura, o se 'alinea', antes que la CPF sugiere que una discrepancia puede estar contribuyendo a las emociones e impulsos de la adolescencia".[35] (Aquí "CPF" significa corteza prefrontal y "AMG" significa amígdala).

La afirmación anterior explica por qué nuestros adolescentes pueden hablar o actuar de formas inesperadas para nosotros. Su cerebro aún está inmaduro, y si la amígdala está alineada años antes de que termine el desarrollo de su corteza prefrontal, tenemos como resultado a jóvenes muy influidos por sus emociones, pero aún sin un freno (la corteza prefrontal) que les prevenga de las claras consecuencias.

Cuando estudié más acerca de este tema hace algún tiempo, comprendí por qué tantos padres en mi oficina se llevaban las manos a la cabeza y simultáneamente volteaban a ver a su adolescente diciendo, "¿En qué estabas pensando cuándo...?". La respuesta estaba dentro del adolescente: simplemente, su cerebro aún no había madurado lo suficiente físicamente, pero esto no era visible ante los ojos de los padres. Su hijo no tuvo las herramientas necesarias para medir las consecuencias, controlar sus impulsos o tomar la decisión que los padres habrían esperado.

> *El cerebro adolescente aún no ha terminado su desarrollo y todavía no está completamente formado.*

No estoy diciendo que los adolescentes no sean responsables por sus acciones, porque al final de cuentas toman sus propias decisiones. Lo que quiero que veas es que las decisiones que toman son influenciadas por discrepancias cerebrales que nosotros como padres ya no experimentamos. Comprender esta realidad nos permite tratarlos con paciencia, compasión y sabiduría.

Es por esta falta de madurez cerebral (entre muchas razones más) que los adolescentes aún nos necesitan: ellos requieren ser guiados. Cabe recalcar que *guiados* no quiere decir *controlados*. Ellos aún necesitan explorar y exponerse a situaciones que les permitan seguir construyendo conocimiento. Así que, la recomendación es seguir en guardia, observar, ayudar, comprender y continuar afirmando aquellos comportamientos que deseamos ver en nuestros hijos.

¿Cómo podemos ayudar a nuestros adolescentes durante estos años de transición? Podríamos hablar de muchas estrategias y principios, pero quiero mencionar uno en especial que no siempre pensamos: *establecer rutinas a temprana edad.* Puede ser, por ejemplo, un deporte, clases de danza o la educación física en el colegio, siempre y cuando ocurra los mismos días, en el mismo horario, para crear conexiones cerebrales. Recuerda, mientras más sean expuestos a experiencias repetitivas, más conexiones crean y más afirman su conocimiento. Estas actividades repetidas incluyen las físicas (como los deportes) y las creativas (como el arte y la música).

Los deportes y otras actividades físicas realizadas repetitivamente no solamente mejoran la salud física y la coordinación, sino que desarrollan lo más importante en cuanto a conocimiento se refiere: secuenciar los movimientos, lo cual más adelante les enseña a aprender a secuenciar otras áreas de su vida. Es decir: saber qué va primero, qué va después y qué resultados se obtendrán. Junto con esto, aprender que hacer las cosas al revés no funciona. Por ejemplo, si van a patear una pelota de fútbol hacia la portería, no patean primero al aire y después se ponen frente al balón, ya que evidentemente no tendrían los resultados esperados. Esto es tan sencillo, pero es precisamente una de las cosas que el deporte engendra en sus cerebros: la lógica y la importancia del orden.

El arte, la música y otras actividades creativas también forman esas conexiones cerebrales tan importantes. Albert Einstein dijo: "La creatividad es la inteligencia divirtiéndose". Hay un sin fin de habilidades que el arte puede ayudar a desarrollar en el cerebro de nuestros hijos, comenzando con el regalo de la creatividad en sí misma. El tocar un instrumento, por ejemplo, no solo desarrolla disciplina, además nos permite expresar emociones, y ayuda a refinar varios de los cinco sentidos a la vez. La escritura es considerada terapéutica, mientras que observar una pintura desarrolla curiosidad. Tocar un instrumento desarrolla la habilidad de secuenciar las actividades, como vimos arriba con los deportes.

Por supuesto, estas son observaciones generales, ya que en

realidad los adolescentes aprenden muchas cosas a la vez. Ni hemos hablado de la ética de trabajo que se forma, por ejemplo, o la autoconfianza, o el sentimiento de logro. Nuestros hijos reciben una infinidad de ventajas cuando tienen la oportunidad de aprender de manera repetitiva.

Obra en proceso

Al final del día, lo importante es exponer a los niños al desarrollo de su talento, y para lograr esto se requiere desarrollar primero la capacidad de atención y la constancia. Habrá que ser intencionales para auxiliarlos a ejercitar la habilidad de concentrarse y de mantener el enfoque.

Por eso, durante los primeros años de vida, no son tan recomendables los juguetes con demasiada estimulación (completamente lo contrario a lo que la actualidad nos ofrece). Mi recomendación para los nuevos padres siempre es la siguiente: "mientras menos haga el juguete o menos estimulación de sentidos contenga, más hará el cerebro de sus hijos". ¿Por qué? Porque el cerebro buscará instintivamente las formas de establecer conexiones, por lo tanto desarrollarán más la creatividad.

Al final del día, ese proceso de crecimiento, de madurez, de desarrollo mental y emocional es bello y emocionante. Los logros físicos son importantes, pero de la misma manera debemos valorar, celebrar e invertir en los logros emocionales y mentales. El procedimiento de ensayo y error es esencial en este proceso. Los padres tenemos el privilegio y la responsabilidad de crear ambientes seguros y de tenerles paciencia durante toda esta fase: tanto en la infancia como en la adolescencia, y durante toda la vida.

Ser padres es ser ejemplos y mentores; confortadores e

inspiradores; entrenadores y porristas, y mil papeles más. Sobre todo, consiste en acompañarlos en su proceso de aprendizaje, celebrando el milagro que es la vida.

6. Esto también pasará

Hay una temporada para todo,
Un tiempo para cada actividad bajo el cielo.

—el rey Salomón

Cuenta una historia antigua de un monarca que un día reunió a todos sus consejeros y sabios del reino para hacerles una petición: escribir para el rey una pequeña frase que pudiera guardar en su anillo real, misma que en los momentos más difíciles de su vida la leyera y le diera fuerzas para continuar. Años después, su reino fue invadido, y mientras se encontraba huyendo, se escondió en una cueva para preservar su vida. Ahí, solo y sin esperanza, tomó la decisión de quitarse la vida. Mientras desenvainaba su espada, recordó que en su anillo traía esta sabia frase, y entonces la leyó. La frase lo animó a continuar.

Horas después, la batalla dio un giro inesperado y, para sorpresa del rey, su ejército ganó la batalla. Días después, entre música, baile, comida y risas, el afortunado rey se encontraba sentado de nuevo en su trono cuando uno de sus sabios se acercó a él y le dijo: "Rey mío, lo más sabio de la frase que escribimos para usted es que aplica para tiempos malos y para tiempos buenos. Mi consejo es que disfrute este momento, pero también lea nuevamente la frase y sea consciente de ello".

La sabia frase decía: "Esto también pasará".

Como seres humanos tenemos la tendencia a no comprender que todo se trata de *etapas*. Es común para mí conversar con padres que tienen la sensación de que siempre vivirán de la manera en que lo hacen en ese momento. Es decir, no hay una conciencia clara de que tarde o temprano nuestros hijos crecerán y cambiarán de etapa. Es como si de repente tuviéramos un tipo de amnesia parental, y pensamos que siempre nuestra economía será mermada por el costo de los pañales o los pagos del colegio, o nuestro sueño interrumpido por bebés con hambre, o nuestro tiempo ocupado en llevar y recoger a los niños de las actividades de deporte.

El rey Salomón, conocido por la cultura hebrea como el hombre más sabio en su historia, escribió acerca de etapas. Encontramos sus observaciones poéticas en el libro de Eclesiastés en la Biblia.

> Hay una temporada para todo,
> Un tiempo para cada actividad bajo el cielo.
> Un tiempo para nacer y un tiempo para morir.
> Un tiempo para sembrar y un tiempo para cosechar.
> Un tiempo para matar y un tiempo para sanar.
> Un tiempo para derribar y un tiempo para construir.
> Un tiempo para llorar y un tiempo para reír.
> Un tiempo para entristecerse y un tiempo para bailar.
> Un tiempo para esparcir piedras y un tiempo para juntar piedras.
> Un tiempo para abrazarse y un tiempo para apartarse.
> Un tiempo para buscar y un tiempo para dejar de buscar.
> Un tiempo para guardar y un tiempo para botar.
> Un tiempo para rasgar y un tiempo para remendar.
> Un tiempo para callar y un tiempo para hablar.
> Un tiempo para amar y un tiempo para odiar.
> Un tiempo para la guerra y un tiempo para la paz.
> (Eclesiastés 3:1-8).

Salomón menciona 28 acciones, o 28 etapas, que en algún momento de nuestra vida podríamos experimentar, entre otras más. El punto es que las etapas van y vienen, y cada una tiene su lugar.

Requerimos de conocimiento para identificar la etapa en que nuestros hijos viven y para aprovecharla al máximo. Esto incluye disfrutar los beneficios y sobrellevar las desventajas de la etapa actual, sabiendo que lo que hoy vivimos no será para siempre. Si estamos enfrentando algo difícil, habrá que vivir sabiamente, entendiendo que "esto también pasará" y que mientras tanto nos toca creer, esperar, aprender y amar. Por otro lado, lo bello y divertido que hoy vivmos también pasará (o por lo menos cambiará), entonces debemos disfrutarlo al máximo mientras sea posible.

Ahora bien, aunque acabo de enfatizar las etapas de nuestros hijos, hay algo todavía más importante: reconocer en cuál etapa nos encontramos *nosotros*. No solamente son nuestros hijos los que experimentan cambios de crecimiento, sino que nosotros como padres también vivimos estas experiencias con ellos. Nuestra etapa parental está conectada con su etapa. Además, pasamos por experiencias propias en la vida: cambios de trabajo, de hogar, de carrera, de amigos, de edad, etc. Todo esto influye en nuestro estado mental y físico, y debemos ser sabios para reconocerlo.[36]

Si no entendemos la etapa que estamos viviendo, no vamos a saber cómo vivir ahora, ni poder identificar cuáles cosas ya quedaron atrás, ni prepararnos para las que vengan. Esta ignorancia produce ansiedad, porque al no reconocer lo que realmente está sucediendo o está por suceder, nos sentimos estancados, sin movimiento, viviendo en los extremos, en ocasiones tan cansados que en lugar de solo tomar un respiro y descansar, comenzamos arrebatadamente a renunciar.

Por supuesto que cada papá o mamá y cada niño o niña son diferentes, pero hay elementos casi universales que podemos identificar en las etapas. Es decir, la mayoría de nosotros experimentaremos ciertos sentimientos, luchas, tentaciones o dudas en el transcurso de la paternidad. No es posible en un capítulo hablar a detalle de cada etapa, ni es necesario; solo vamos a mirar algunas características que te pueden ayudar a reflexionar sobre tus experiencias y navegar los diferentes momentos de la vida de padres.

Vamos a ser padres: etapa del embarazo

En la mayoría de los casos, el cambio más trascendental en la vida de una persona o pareja ocurre cuando descubren que van a ser padres. No hay nada como saber que pronto nacerá una versión mini de nosotros para motivarnos a la acción. En comparación a esto, las etapas de noviazgo, matrimonio, cambios de casa o de trabajo parecen fáciles.

Recuerdo cuando ya estaba confirmado: ¡mi esposo y yo seríamos padres! Una de las noticias más emocionantes que podíamos recibir. En aquel entonces, teníamos tres años de casados y 25 años de edad. Recuerdo que habíamos dicho: ¡el próximo mes! Y ese próximo mes, marzo de 2008, teníamos una prueba de embarazo positiva en nuestras manos. Habíamos orado por eso, y nos sentíamos tranquilos, expectantes, emocionados. Ya teníamos el nombre de nuestra hija y mil planes e ilusiones. Estábamos listos. Bueno, eso creíamos.

Cada historia es distinta, por supuesto. Los embarazos no siempre son planeados ni siempre son recibidos con tanta alegría, y no todas las parejas se embarazan tan pronto después de tomar la decisión. En muchas ocasiones, el proceso de lograr un embarazo se convierte en una etapa por sí misma, una etapa en la que las emociones son una especie de montaña rusa, de dolor, de espera, de ilusión, pero sobre todo de esperanza.

Más allá de cómo haya sido tu caso, la nueva etapa de la

paternidad no comienza con el nacimiento del bebé, sino mucho antes, desde el momento en que tus prioridades comienzan a cambiar. En nuestro caso, desde ese marzo del 2008 nuestra vida no fue igual. De repente, la mayor parte de nuestros planes eran a corto plazo, y casi todas las frases empezaban con las palabras, "Cuando nazca nuestro bebé...". Con las noticias de un embarazo, todo cambia. El futuro gira en torno a una fecha que se acerca con una velocidad casi aterradora.

La etapa del embarazo se define por una mezcla de emociones. Los nuevos planes, las expectativas, las inseguridades, las decisiones y mil cosas más luchan constantemente por nuestra atención, recordándonos que la vida nunca será igual y que no tenemos la menor idea cómo prepararnos. Añádale a esto los cambios hormonales y físicos, los gastos adicionales, el cansancio y las "discusiones" en pareja que cualquier cambio implica, y ya tienes una receta para unos meses intensos. Es emocionante, divertido y algo estresante.

No hay nada como saber que pronto nacerá una versión mini de nosotros para motivarnos a la acción.

Empieza a ser obvio que, aunque el bebé todavía no ha nacido, nosotros ya estamos pensando como padres. A esto me refiero cuando digo que la paternidad empieza cuando nuestras prioridades cambian. Durante los nueve meses de embarazo, tenemos la oportunidad de aprender a trabajar en equipo mejor que nunca, preparando el hogar para la llegada del nuevo miembro.

Cabe mencionar que todos tenemos historias distintas de embarazos. Cada uno vive su propia experiencia y proceso. Pero la etapa del embarazo tiene un principio y un fin, a diferencia de la paternidad, y por más complicado que sea el embarazo, uno siempre sabe que será más fácil que la responsabilidad de formar, criar y educar a un nuevo ser humano. Estos nueve meses son un periodo de ajuste mental, de preparación, de cambios de enfoque: ya no somos "una pareja" o "una mujer" o "un hombre", sino "una familia".

Para nosotros, el primer embarazo no fue precisamente lo que planeamos. El embarazo en sí fue de alto riesgo, pero lo más difícil pasó a las 34 semanas, faltando todavía mes y medio para el parto. Todo empezó un jueves, que desgraciadamente era un día festivo, cuando por falta de movimiento de nuestra bebé, tuve que ir a urgencias varias veces. Debido a que era día feriado, mi médico no respondió a nuestras llamadas durante varios días, y en el hospital me decían que todo estaba bien, aunque yo sabía que no. Finalmente, cuando nos atendió mi médico el lunes, se dio cuenta de que era una situación que comprometía la salud y calidad de vida de nuestra bebé. Inmediatamente mandó preparar el quirófano para una cesárea de emergencia.

¿Y mi ilusión de tener un parto natural? ¿Y mi plan de parto? La pañalera con todo lo necesario para ese momento, preparada con tanto tiempo y cariño, se quedó en casa. Semanas antes, había elegido la primera ropita que mi bebé usaría con mucha ilusión, y no le quedaba porque solo pesaba 1700 gramos. Hasta había estado preparando una lista de canciones para escuchar durante el parto. Había idealizado ese momento, mi mente lo había creado, pero nada de eso pasó.

En realidad, no pensé en estas cosas hasta después. Sí sentí un momento de mucho temor, tristeza y angustia, en especial cuando mencionaron que la cesárea sería de emergencia. Pero no recuerdo haber pensado en todo lo que hacía falta —la pañalera, la ropita, las canciones— porque nada era más importante para nosotros que la salud de nuestra hija. En el momento en que me preparaban para la cesárea, lo único que ocupaba nuestra mente y corazón era una oración clamando a Dios por la vida y bienestar de nuestra bebé.

Fue así como, un lunes 1 de diciembre, de forma inesperada, en un cuarto frío de hospital, ¡nos convertimos en padres! Recuerdo que ambos sentimos un amor no egoísta, 100% inclinado hacia el bienestar del otro, y una firme convicción en ambos de que se hiciera lo que se tuviera que hacer para salvar la vida de nuestra bebita.

Los próximos segundos fueron eternos: sacaron a la bebé, luego la pasaron por diferentes manos porque al principio no respiraba. Al escuchar esas frases entre los médicos, provocaron mucho temor en mí, pero recordaba las palabras de Jesús en Juan 14:1: "No dejen que el corazón se les llene de angustia; confíen en Dios y confíen también en mí".

A los segundos (que parecieron eternos), escuché el sonido más bello: el llanto de nuestra bebé. La primera vez que cargamos a nuestra primogénita, ¡experimentamos el amor más increíble! El verla completamente sana era un recordatorio claro de la fidelidad de Dios. Dos días después, ya estábamos en casa con nuestra hija en los brazos y gratitud en el corazón.

Si tienes hijos, me imagino que puedes recordar claramente el momento cuando te entregaron tu bebé y regresaste a tu casa con tu bebé. Recuerdo que, dentro de mi corazón lleno de alegría, también había espacio para sentir el peso de la responsabilidad. La magnitud de ese compromiso comparado con nuestra inexperiencia me sacudió. No sabía describir lo que estaba pasando en aquel momento, pero ahora reconozco que nuestra etapa había cambiado: no solamente estábamos viviendo la paternidad, sino que ya teníamos a la bebé con nosotros, y nos tocaba ser sus padres.

La vida en suspenso: etapa recién nacido

Definitivamente la experiencia de ser padres no se compara con nada. Tuvimos el privilegio de observar muy de cerca el maravilloso milagro de la vida, ¡y era increíble! Pero, siendo sincera, no fue fácil, al menos no tan fácil como nosotros lo habíamos idealizado y planeado. Nuestra bebé prácticamente no dormía. Despertaba cada hora y media, no digería bien la lactosa, vomitaba, no podía sacar gases correctamente y por lo tanto le daban cólicos, y lloraba mucho durante el día si no la teníamos en brazos. Nos sentíamos cansados, desgastados, como si nuestra vida y el tiempo se hubieran detenido.

Como nuevos padres, necesitamos esperanza, inspiración, acompañamiento y amor.

Fue la primera vez que experimentamos lo que ahora llamo la "etapa en suspenso". Es un sentimiento que a menudo tenemos los primeros meses de vida de nuestros bebés. A esta experiencia de estar suspendidos en el tiempo, añádele soledad, incomprensión, confusión, inseguridad, duda. No todos sienten todo esto, pero son emociones comunes para muchos. Todo esto se puede convertir en tristeza, en una especie de duelo. Es el duelo de perderte a ti mismo.

Recuerdo que uno de los pensamientos que venían a mi mente en esta etapa era el de haber perdido mi personalidad. No pensaba que fuese yo misma. Había días en que ni siquiera podía reconocerme en el espejo. Mi esposo y yo nos veíamos y nos sentíamos claramente diferentes: nuestras prioridades, planes y rutinas habían cambiado, y parecía que nuestros gustos habían cambiado también. Cuando veíamos a nuestra familia y amigos, nos sentíamos completamente incomprendidos y fuera de lugar. En realidad, ¡solo queríamos dormir! Estábamos exhaustos, y eso nos hacía sentirnos y vernos notoriamente diferentes.

En ese tiempo, hubo una persona muy especial que me inspiró mucho en el tema de la maternidad. Se llama Michelle, y es la pastora, juntamente con su esposo, de la iglesia La Roca, donde nuestra familia se congrega. Cuando nació mi hija primogénita, Michelle tuvo una bebé también. Fue su cuarta hija, todas con menos de cinco años de edad. Michelle tenía (y tiene) siempre una sonrisa para regalar. Recuerdo que la veía tan alegre, acompañada de sus hijas y cuidándolas con tanto gozo y paz, y la admiraba de lejos.

Yo muchas veces me sentía perdida como mamá; además experimentaba demasiada soledad porque no tenía amigas que compartieran esa misma temporada conmigo o entendieran la etapa que yo estaba pasando. Fue justo en ese tiempo que Michelle un día se acercó a saludarme, y me invitó a pasar una mañana en su casa. El día llegó, y ahí estaba yo, manejando hacía su hogar, desvelada, cansada, un poco agobiada. Michelle me recibió con una enorme alegría que nunca olvidaré. Platicamos por muchas horas, preparó desayuno para todas las niñas, y mientras las atendía, seguía escuchándome y dándome ánimo y consejo.

Nació en mí una gran admiración por ella. Yo solo tenía una bebé de meses, ¡y ella tenía cuatro! Se veía tan feliz, tan agradecida, disfrutaba cada momento, prestaba atención a los detalles, bromeaba con sus hijas, las atendía y aún tenía tiempo para extender amor a mi bebé y a mí también. Regresé a mi casa con el corazón lleno de amor, de gratitud y una alegría contagiosa.

Han pasado muchos años desde el primer día que fui a su casa, y mi admiración y amor por Michelle han seguido creciendo. Ahora puedo llamarla amiga; hemos pasado la adversidad juntas, nos hemos reído a carcajadas, hemos viajado, hemos servido juntas, me ha dado su confianza, y de cada temporada de su vida yo he aprendido. Su amistad es uno de los regalos más preciados que atesoro en mi corazón, un vínculo que difícilmente puede romperse.

¿Por qué menciono todo esto? Porque como nuevos padres, necesitamos esperanza, inspiración, acompañamiento y amor.

Tenemos que ver más allá de los desvelos del momento y entender que hay gran alegría por delante. Michelle fue esa inspiración para mí, y doy gracias a Dios por su vida. Espero que este libro, en parte, pueda ser una fuente de ánimo y esperanza para ti, también. Es tan importante buscar apoyo para atravesar y disfrutar esta etapa de padres primerizos.

Todos pasamos por luchas, y todos podemos encontrar ayuda. Recuerdo hace un par de años, durante una cita de consejería matrimonial que mi esposo y yo atendíamos, la esposa con voz quebradiza y llena de culpa comentó: "Pienso que mi bebé me ha robado mi vida". De inmediato su esposo agregó: "Yo, más bien, siento que mi hijo me ha robado a mi esposa". Recuerdo el rostro de ambos viéndose el uno al otro con asombro, culpa y alivio. Finalmente habían puesto en palabras sus verdaderos sentimientos, pero aun así, había dolor, culpa y confusión detrás de ambas confesiones.

Me alegra decir que la historia tuvo una final agradable. Esto fue el primer paso: verbalizar sus verdaderos sentimientos. Luego, comenzamos un plan para mejorar su relación, desde rutinas para que su bebé durmiera mejor hasta establecer citas románticas para ellos. Finalmente se recuperaron como individuos y matrimonio.

He aprendido —tanto en mi experiencia personal como en mi trabajo con otros padres— que si los padres lo permitimos, los hijos pueden fragmentar la relación entre pareja. Insisto, la paternidad es maravillosa; pero en cuestión de la relación de los padres, provoca un impacto bastante fuerte.[37] Es tan importante que desde el inicio busquemos ayuda en cosas aparentemente básicas pero que tienen grandes efectos en nosotros. Por ejemplo, enseñar a nuestros bebés a dormir y tener rutinas es esencial para nuestro descanso, y esto resta presión a la relación. Ser padres nos hace conscientes de cosas a las que aún no habíamos despertado, y la paternidad trae consigo una revolución de ideas y pensamientos que constantemente pelean con las ideas preconcebidas que traemos desde nuestra propia crianza. Esto provoca un terremoto en nuestra ya antes pensada y aparentemente controlada "estabilidad".

A menudo pasamos por alto que cuando nace un nuevo bebé, nacen también unos nuevos padres. Comenzamos a experimentar emociones de una manera más intensa, y parecemos estar viviendo una sobredosis de adrenalina constante. Las emociones que tal vez antes de ser padres las conocíamos por nombre o en contextos diferentes, ahora, las experimentamos de una manera más personal, mientras que los valores como el compromiso y la responsabilidad tienen otro efecto en nosotros. Casi todos los padres hemos sido sorprendidos tanto por la intensidad de nuestro amor como por nuestros arranques de impaciencia. Después, hemos experimentado una profunda vergüenza por dichos arranques, una vergüenza que posiblemente más tarde se convirtió en desánimo o sentimientos de fracaso, soledad o impotencia.

Todos pasamos por luchas, y todos podemos encontrar ayuda.

Es agotador estar al cuidado constante de un ser completamente indefenso y por lo tanto demandante. Tomar pequeñas decisiones todos los días, sabiendo que tendrán un efecto directo sobre la vida de nuestro bebé, nos debilita; entonces experimentamos también la preocupación a niveles que nunca nos hubiéramos imaginado, y decimos o hacemos cosas que más tarde lamentamos.

Además está la constante exigencia social y ese sentimiento molesto de creer que necesitamos dar explicaciones o de preguntar si lo estamos haciendo bien. Los nuevos padres nos encontramos en medio de una ola de información y consejos de profesionales que se contradicen entre sí, todo a un clic de distancia:

médicos pediatras, neonatólogos, enfermeras, parteras, doulas, coaches de lactancia, amigos, amigas, familia. Los nuevos padres muchas veces se encuentran justo en el centro de un campo de batalla provocado por los consejos de los abuelos, quienes luchan entre sí para corroborar quién tiene la razón.

Pareciera que la sociedad está empujando a que los padres hagamos todo perfecto desde el primer día que lleguemos a casa con este pequeño ser humano. La cultura nos dice que para cada pregunta hay una respuesta exacta, y por lo mismo somos bombardeados con todas ellas. Pero la realidad es que no hay respuestas técnicas para los problemas humanos. Hay cosas que teóricamente pueden funcionar muy bien, pero la práctica nos lleva nuevamente a la incertidumbre. Pareciera que el mundo, los especialistas y las redes sociales están llenos de respuestas que tú en tu casa no encuentras.

Abrumador, ¿no te parece?

Si eres madre o padre "recién nacido", respira profundo y escucha esto: necesitas aceptar que te vas a equivocar a veces. Es parte de la vida equivocarnos, caernos, extraviarnos, confundirnos, tropezar o fallar. No con esto justificamos errores de negligencia, por supuesto. Pero si fueras negligente, ¡no estarías leyendo un libro acerca de cómo ser un mejor padre!

Nuestros padres tampoco fueron perfectos, pero nos dieron la vida. Se esforzaron por darnos una mejor vida de la que ellos tuvieron, por cometer menos errores que sus padres y por amarnos lo mejor que podían. Ahora haces lo mismo con tus hijos, y ellos algún día harán lo mismo con tus nietos. Como el actor y director de cine Peter Krause dijo una vez: "La paternidad se trata de guiar a la próxima generación y perdonar a la última".

Otra vez, recuerda el lema, "esto también pasará". No te sentirás abrumado para siempre. Aprenderás. Mejorarás. Crecerás. Junto con tu pequeño, descubrirás la magia y el arte de ser una familia. Muy pronto, esta fase cambiará, y ya no tendrás un bebé en tus brazos. Así que disfrútalo ahora, a pesar de los errores esporádicos que cometas y los desvelos que amenazan con cambiar tu personalidad.

Los primeros meses de vida son tan agobiantes como hermosos, y es en esos meses que se construyen los recuerdos de las *primeras veces;* no solo de ese nuevo bebé, sino de ti como padre. Esas primeras veces nos forman, nos forjan, nos pulen y nos preparan para la siguiente etapa.

El mundo es grande: etapa preescolar

¡Felicidades! Has superado la etapa de mayor cansancio físico en tu experiencia como padre. Tu bebé ya no es más un bebé, sino un niño pequeño y, oficialmente, te encuentras en una nueva etapa en tu caminar como padre. Ahora, te sigue por todos lados una pequeña personita parlante, llena de ocurrencias, risas, exigencias, preguntas y, por lo regular, *mucha* energía.

Para los padres, uno de los retos más comunes de esta etapa es precisamente esa lucha entre agradecer la independencia adquirida y, al mismo tiempo, sentir temor a la separación. Esta es una de las pocas etapas en las que los padres y los hijos experimentamos luchas similares.

Un contexto en el que fácilmente podemos ver esto es cuando decidimos que nuestros hijos asistan por primera vez al colegio. Si los padres sentimos que lo estamos abandonando, el niño promedio recibirá esa información y se convertirá en un sentimiento compartido. Los padres necesitamos estar en común acuerdo y prepararnos a nosotros primero. Así podremos preparar a nuestros hijos para ese tan esperado "primer día de clases".

¿Qué necesita nuestro hijo o hija en esta etapa? Pertenecer a una sociedad. Recuerda que somos seres sociales, y la entrada al colegio es, sin duda, un momento en el que los ojos de nuestros hijos nuevamente están absorbiendo, explorando y descubriendo. Es la primera vez que tendrán una convivencia día a día con otros niños de su misma edad. Es la primera vez que descubren que no son el "centro del universo", porque ahora son parte de un pequeño grupo social de integrantes a los que llaman compañeros. Todos tienen las mismas normas y comparten la misma figura de autoridad, a quien llaman maestra.

Esto puede ser complicado tanto para los padres como para los hijos durante algunas semanas, pero con el paso del tiempo, reconocerás que es algo bueno, formativo y necesario.[38] Además, es solo el comienzo hacia una vida en sociedad.

Cada niño es diferente: etapa de primaria

¡Primer grado! ¡Qué gran logro! Considero por experiencia propia y como profesional que, por lo regular, le etapa de primaria es una de las etapas que nos regalan un tiempo de descanso. No quiero decir que nuestros hijos no nos necesitan, ni te estoy invitando a abandonar tu rol de padre. Solo quiero expresar que conforme transiten por los primeros grados de primaria (de cinco a diez años de edad, aproximadamente) están creciendo y adquiriendo mayor independencia.

Usualmente el dolor de espalda se ha ido porque ya no los cargas más y ya no te la pasas agachado en una tina mientras se dan un baño. Ellos se lavan los dientes solos, se visten y desvisten, saben abrocharse las agujetas y comen sin ninguna ayuda. Incluso están listos para tener otras responsabilidades relacionadas con el hogar. Físicamente ya no son tan dependientes de ti como en las etapas anteriores, lo cual produce cierto descanso para ti.

Tal vez lo más cansado es ir de un lado a otro, llevándolos al colegio, clases extras, fiestas de cumpleaños o alguna reunión con sus compañeros de clase.

Respecto a esta etapa, hay un reto en especial que considero que la mayoría de los padres pasamos: el aceptar que nuestros hijos no son iguales a sus compañeros. Este reto es el resultado del crecimiento, en cuanto a responsabilidad se refiere, que nuestros hijos desarrollan u obtienen a partir de primero de primaria; pues la tendencia es a hacer comparaciones y contrastes entre nuestros hijos y los ajenos. Incluso si somos padres de dos o más hijos debemos aceptar que no tienen las mismas necesidades, habilidades y aptitudes. Nuestros hijos son individuos únicos. Siempre deberíamos tener esto presente. Ellos están enfrentando sus propios retos personales, sociales y cognitivos.[39]

Mi consejo: ama, afirma y continúa estando presente. Una calificación no definirá nunca el valor de tus hijos ni comprobará el tipo de padre que eres. Celebra sus logros académicos, claro, pero fija tu atención en lo que han desarrollado en ese tiempo. Dales propósito a los aprendizajes adquiridos. No te enfoques solo en las áreas de oportunidad, más bien, mantente alerta de sus habilidades sociales, deportivas, artísticas. Ayúdales a disfrutar el descubrimientos de nuevos talentos. No permitas que otros los etiqueten y, más importante aún, no permitas que ellos mismos se limiten y amolden a una etiqueta impuesta. Cree en ellos, bendice sus vidas y prepáralos para algo más importante que una calificación: la vida.

Más allá de la primaria

Mencioné en el capítulo anterior que las dos etapas más formativas para los niños (y, a menudo, las más dramáticas) son los primeros años de vida y la adolescencia. Como era de esperarse, los padres también vamos a enfrentar retos distintos (¡también dramáticos!) en estas dos etapas. Hay mucho que decir respecto a la adolescencia, y por eso, los tres capítulos finales del libro tocan el tema en mayor detalle. Hablaremos de los cambios, las necesidades y las luchas que los adolescentes enfrentan, y exploraremos cómo los padres podemos responder.

Sea cual sea la etapa que estés viviendo, recuerda: esto también pasará. Así que, si hay cosas que te cansan o te frustran hoy, ten esperanza, porque mañana podrían cambiar. Por otro lado, si hay cosas que te encantan de la etapa actual, ¡disfrútalas al máximo! Pronto ese bebé será niño pequeño, o ese niño pequeño entrará a primaria, o ese niño de primaria pasará a secundaria, a preparatoria y a la universidad.

La vida no se detiene. Hay que abrazarla y aprovecharla en cada momento.

7. El mito de los padres perfectos

La paternidad no es algo que hacen los hombres perfectos,
sino algo que perfecciona al hombre.

—Frank Pittman[40]

Cuando mis hijas eran más pequeñas, recuerdo pasar por una etapa cuando sentía que todo estaba fuera de control. Tenía mucho en mis manos y me sentía agobiada, con un claro cansancio físico y mental. Era una constante lucha entre cumplir aquí y quedar mal allá o cumplir allá y quedar mal aquí.

Justo en medio de ese período caótico, tuve una conversación con mi mamá. Más bien, me desahogué con mi pobre mamá, que me escuchaba pacientemente como una amiga. Cuando por fin acabé, ella me preguntó: "De todas las cosas que tienes en tus manos, ¿cuáles son insustituibles? Es decir, ¿cuáles son las cosas o responsabilidades que nadie más puede hacer por ti?".

"¡Todas las tengo que hacer yo!" le respondí. "Por eso me siento tan cansada".

Ella insistió: "Seguramente algunas las puede hacer alguien más. Pero tienes que saber distinguir. Por ejemplo: nadie puede ser la esposa de tu esposo. Tampoco nadie debe tomar tu lugar como mamá de tus hijas. ¿Hay otras áreas donde tú, y solo tú, tienes que llevar la responsabilidad?".

Le respondí, "Pues, nadie puede buscar a Dios por mí. Es mi propia responsabilidad. Fuera de eso, creo que son las áreas principales".

Mi mamá continuó: "Ahora bien, después de definir las cosas insustituibles, identifica las que *sí* puedes delegar: asuntos de trabajo, quehaceres del hogar, hasta clases o reuniones. Solo cuida de no delegar las cosas en tu vida que son insustituibles".

Este es uno de los innumerables y sabios consejos que me ha dicho mi madre, el cual nunca he olvidado. Cuando nos sentimos abrumados, muchas veces queremos solucionarlo eliminando cosas de nuestra tan apretada agenda sin antes evaluar cuáles son las actividades o responsabilidades no negociables, las que pertenecen a nosotros y a nadie más. Cuando estamos cansados o sobrecargados, no hay que reaccionar con desesperación o pánico, desechando lo bueno y lo malo con tal de sobrevivir. Como me hizo ver mi mamá, debemos identificar lo esencial, lo insustituible, y desde ahí ir modificando nuestro estilo de vida, eliminando o buscando apoyo con las obligaciones donde podemos ser sustituidos.

No tenemos que ser padres "perfectos".

Por supuesto no debemos caer en el extremo de *únicamente* ver por nuestro rol como esposos o padres, dejando a un lado todo lo que quede fuera del hogar. Pero el extremo que veo más seguido es el opuesto: invertir demasiado tiempo con los amigos, dedicarnos solo al trabajo, o dar lo mejor que tenemos a otras personas y olvidarnos de quienes nos esperan en casa. En este caso, estaríamos fallando en algo insustituible: cuidar de aquellas personas a quienes somos llamados a honrar, servir y amar, ese pequeño grupo con el que compartimos nuestra vida. Es decir, nuestra familia. Como dijo el novelista irlandés George Moore: "Un hombre viaja por el mundo en busca de lo que necesita y vuelve a casa para encontrarlo".

¿Por qué pensamos que tenemos que hacer todo? En gran parte, porque vivimos en una sociedad obsesionada con los logros, la apariencia y la eficacia. Sin embargo, este ejercicio de identificar las áreas donde nadie nos puede sustituir nos recuerda que no tenemos que entrar en este juego: no tenemos que hacer todo al mismo tiempo ni en la misma temporada. Dicho de otra manera, no tenemos que ser padres "perfectos".

En mis pláticas con padres, constantemente escucho la idea, dada por hecho, de que los padres tenemos que hacer todo, y lo tenemos que hacer ahora mismo, y lo tenemos que hacer perfectamente bien. Sin embargo, la perfección en la paternidad es un mito. Los padres perfectos son como los unicornios: no existen.

En cuanto a la paternidad se refiere, debemos redefinir la perfección. Pensamos que los padres perfectos son aquellos que jamás cometen errores, saben todas las respuestas, hacen todo bien a la primera y tienen hijos ejemplares que nunca hacen berrinches ni se enferman. Si nos aferramos a este tipo de perfección, un perfeccionismo tóxico, se podría decir, solo vamos a frustrar a todos: a nuestros hijos y a nosotros mismos.

En realidad, un padre "perfecto" podría incluir alguien que:

- Ama por encima de todo.
- Admite su debilidad y pide ayuda.
- Aprende de sus errores y siempre crece.
- Se esfuerza diariamente por mejorar.
- Disfruta cada momento y etapa.
- Muestra misericordia a su familia y a sí mismo.
- Sabe adaptarse a cambios inesperados.
- Nunca se rinde.

¿Ves la diferencia? El perfeccionismo tóxico se preocupa por las apariencias y los logros momentáneos, queriendo controlar todo con tal de nunca equivocarse.[41] Los padres sabios, sin embargo, desechan este perfeccionismo y se enfocan en el proceso: en vivir la paternidad con sus altas y bajas, disfrutando, creciendo, superando, celebrando, amando.

Es normal cometer errores y tener dudas de tus habilidades o del futuro. No permitas que la incertidumbre natural de la vida te haga creer que estás mal. Más bien, reconoce que no tienes el control de todo. No hay manera de manipular el tiempo y echar un vistazo al futuro para hallar la respuesta exacta. Lo único que podemos hacer es abrazar el asombro, la sorpresa, la capacidad de maravillarnos cuando aprendemos de nuestros errores. Los padres necesitamos asumir que vamos a tener cierto fracaso o enfrentar situaciones fuera de nuestro control.

El mito de la perfección conlleva varias formas de pensar que son sutiles pero comunes. Estos conceptos, a pesar de ser aceptados por nuestra cultura y sociedad, son trampas, ya que nos hacen caer en un perfeccionismo tóxico y dañino. A continuación, vamos a hablar de cinco "trampas del perfeccionismo".

La trampa de las expectativas

La primera trampa del perfeccionismo son las expectativas. El filósofo y teólogo Iván Illich dijo: "Debemos redescubrir la distinción entre esperanza y expectativa", y estoy totalmente de acuerdo. ¿Qué significan para ti estas palabras? Piensa por un momento en la diferencia.

La esperanza, para mí, es algo positivo, una mirada optimista hacia el futuro. Las expectativas también miran hacia el futuro, pero incluyen un elemento como de exigencia o de obstinación. No son malas en sí, tal vez, pero son ideas que hemos formado acerca del futuro —a veces correctas, a veces incorrectas—, y si no se cumplen, si no pasan las cosas como esperábamos, nos sentimos defraudados, decepcionados, incluso enojados.

Respecto a la paternidad, es importante distinguir entre nuestras esperanzas y nuestras expectativas porque a menudo nuestros ideales tan queridos se basan en conceptos falsos. Todos, de alguna manera, nos hemos formado ideales de lo que significa ser padres. Sobre todo, hacemos esto en lo que respecta a qué tipo de padres queremos llegar a ser.

Cuando esperamos o tenemos un bebé (en particular con el primero), podemos traer a la memoria muchas de las experiencias que vivimos en nuestro rol de hijos. Recordamos la relación que tuvimos o que tenemos actualmente con nuestros padres y sus tratos hacia nosotros. *¿Qué cosas fueron buenas? ¿Cuáles no repetiría? ¿Cuáles aspectos me hirieron? ¿Podré llegar a ser tan buena mamá o buen padre como los míos? ¿Seré diferente? ¿Haré las cosas mejor?* Basándonos en todo esto, creamos una serie de expectativas sobre los padres ejemplares que nos gustaría llegar a ser.

Repito, las expectativas no siempre son malas. Sin embargo, es importante que te des la oportunidad de relajarte antes de plantearte expectativas muy altas. Es mejor tener una alta esperanza que altas expectativas no realistas.

La trampa de las comparaciones

Otra trampa del perfeccionismo son las comparaciones. No te enamores de ideas preconcebidas, por ejemplo las que vienen de las redes sociales o incluso de amigos cercanos. De ahí suelen nacer las comparaciones, y eso puede lastimar mucho a cualquier ser humano porque le dan voz y voto a la autocrítica y alimentan las expectativas irrealistas del perfeccionismo.

Seguramente te has dado cuenta en tu propia vida que una de las cosas más difíciles de sanar es la autocrítica: bajar el volumen de esa voz es casi imposible. ¿Sabes cuándo nació esa voz y cómo agarró tanta fuerza? En parte, es probablemente el resultado de tu crianza, de las voces que te influyeron cuando estabas formando tu autoestima, tus valores, tu filosofía de vida.

La autocrítica es una táctica de autocontrol y autoprotección que utiliza la dura evaluación de uno mismo para evitar cometer errores que otros puedan ver como fallas. Aunque nos criticamos severemente con la supuestamente buena intención de mejorar, la investigación demuestra que las personas altamente autocríticas tienen más probabilidades de involucrarse en comportamientos de autoaislamiento y experimentar relaciones negativas que aquellos que son menos autocríticos. En un esfuerzo por ser vistos como perfectos y crear relaciones más fuertes, las personas autocríticas en realidad contribuyen a lo que están tratando de evitar.[42] A esto se debe que necesitemos hacer cambios y romper patrones, eliminando las comparaciones y las expectativas dañinas que tenemos de nuestros hijos y de nosotros mismos.

¿Cómo rompemos con las comparaciones dañinas? Comprendiendo que cada familia es única. Cada familia tiene su estilo de vida, sus aciertos, sus problemas, sus logros, sus victorias, sus luchas. Todos somos diferentes, tanto padres como hijos, y pasaremos por momentos en los que no sabremos qué hacer o en los que las cosas no resultarán como nos las imaginábamos. Por eso debes ver hacia ti, hacia tu familia, no hacia los demás. Cuando te concentras en examinar tu labor, encontrarás cosas que estás haciendo bien y a su vez detectarás las áreas de oportunidad que tienes para mejorar, sin necesidad de que te autocondenes.

La trampa de la autojustificación

Uno de los regalos que como padres debemos darnos es el de tener compasión por nosotros mismos; sin embargo, autocompasión no es sinónimo de autojustificación. La diferencia entre el primer término y el segundo es que solo el primero te permitirá poner en práctica la regla de cuatro en los errores de la paternidad. ¿Recuerdas esa regla? Los cuatros pasos son: reconocer, identificar, disculparte y cambiar. La autojustificación no nos dejará avanzar después del paso dos o tres. Es decir, si *reconocemos* e *identificamos* los errores, y aun si nos *disculpamos* por ellos, pero luego comenzamos a autojustificarnos, nos quedaremos estancados en un círculo que lastimará más a nuestros hijos. Solo estaremos haciendo promesas falsas de cambiar sin resultados reales, lo cual es una falsa humildad.

Una persona que se justifica es alguien que busca la manera de culpar a situaciones externas o terceras personas antes que tomar responsabilidad de sus propias acciones y, por lo tanto, no se da la oportunidad de sentir un arrepentimiento genuino. Solo se llena de excusas, de razones falsas que le permiten no aceptar su culpa.

En cambio, el extendernos misericordia no se trata de justificarnos, se trata de cómo a través de la regla de cuatro puedo saber que siempre hay esperanza para hacer ajustes y una nueva oportunidad de ser mejores padres.

La trampa de la negatividad

La cuarta trampa que vamos a mencionar es la negatividad. Esto es un resultado casi automático de no poder alcanzar la perfección, porque cuando nos damos cuenta de lo lejos que estamos de realizar las ideas imposibles que habíamos imaginado, muchas veces nos sentimos frustrados, molestos, amargados. En vez de tener gratitud por lo que tenemos, nos enfocamos en lo que no tenemos.

Esto empieza en el corazón, con el desprecio y la ingratitud, luego se expresa con la boca, contagiando a otros y difundiendo perspectivas negativas. Un pensamiento genera una emoción; a dicha emoción le corresponde una acción determinada; estas acciones se convierten en hábitos; los hábitos que manejamos en el día a día se convierten en nuestro carácter y manera de ser, y esto produce los resultados que tenemos en la vida.[43]

Vivimos en una cultura donde todo el tiempo estamos expuestos a la negatividad: por medio de lo que vemos, lo que escuchamos, lo que nos permitimos sentir. Una vez que permitimos que algún comentario, chisme o crítica entre por nuestros oídos o encuentre lugar en nuestro corazón, la negatividad comienza a crecer. Si no lo paramos, entonces vamos acumulando comentarios, enfados, incomodidades y dudas. Y entonces, una vez sembrada la negatividad, da fruto. Comenzamos a criticar y a juzgar a otros, hacemos comentarios llenos de inseguridad acerca de nuestros propios cuerpos, discutimos, somos malagradecidos con lo que tenemos, nos quejamos y mostramos molestia por las personas. Lo peor de todo: a menudo lo hacemos frente a los ojos y oídos de nuestros hijos.

La mejor manera de cuidar el corazón es llenarlo con actitudes correctas.

Es entonces que no solo discutimos, ahora peleamos, tratamos mal a otros y descargamos nuestra frustración con nuestra pareja, compañeros de trabajo y con nuestros propios hijos. En muchos casos fue así como nosotros mismos adquirimos patrones negativos de crianza, y tristemente los reproducimos en nuestros hijos cuando nos dejamos envenenar por la negatividad.

Hay un proverbio muy conocido en la Biblia que dice: "Sobre todas las cosas cuida tu corazón, porque este determina el rumbo de tu vida" (Proverbios 4:23). Para los hebreos, el corazón representaba la voz interna que dirige nuestros pasos: las palabras, acciones, decisiones y relaciones que constituyen nuestra vida. El autor de este proverbio estaba recalcando que tenemos la responsabilidad de proteger nuestro corazón de influencias negativas, porque lo que permitamos permanecer en el corazón tarde o temprano determinará el rumbo de nuestra vida. Cabe mencionar que debemos no solamente cuidar nuestro corazón como padres, también debemos enseñar a nuestros hijos a hacer lo mismo.

La mejor manera de cuidar el corazón es llenarlo con actitudes correctas. La negatividad tiene todo que ver con la envidia, con codiciar lo que no tenemos. Así que es fundamental desarrollar *gratitud y contentamiento*. Esto es, aceptar nuestra condición actual y estar agradecidos con lo que estamos viviendo. Cuando nos enfocamos en las bendiciones que hemos recibido, y cuando valoramos lo que somos y tenemos sin compararnos con otros, desarrollamos la gratitud, lo cual nos protege de la negatividad.

La trampa de los deberías

La última trampa de la perfección que quiero tocar es el sentimiento de culpa provocado por esta constante idea que pensamos, escuchamos y repetimos: "debería...". Es decir, nuestro enfoque en las cosas que (según nosotros) deberíamos haber hecho mejor. El psicólogo Albert Ellis enseñaba que hay tres monstruos que no nos permiten avanzar: tengo que hacerlo bien, tienes que tratarme bien, y el mundo debe ser fácil.[44] Estaba haciendo referencia a este concepto de "debería".

"Debería" se caracteriza por el remordimiento, la culpabilidad y la autocondenación. Es el sentimiento de culpa que experimentamos cuando nos equivocamos en algo. Todos conocemos este sentimiento, estoy segura, porque todos somos humanos y nos equivocamos frecuentemente. Ante cada nueva etapa o circunstancia de la paternidad, volvemos a ser novatos, entonces en repetidas ocasiones nos encontramos lamentando lo que deberíamos haber hecho, respondido, dicho, comprado, preguntado, y un sinfín de verbos más.

Esto va más allá de solamente la paternidad, por supuesto. Quizá vemos el fruto del árbol en la paternidad, pero sus raíces se encuentran en nuestra perspectiva de nosotros mismos, cosa que hemos tenido y formado a lo largo de la vida. La reconocida psicóloga y psicoanalista alemana Karen Horney, en una de sus muchas aportaciones a la psicología, habló acerca de una teoría que llamaba "La tiranía de los deberías".[45] En sus escritos, relata cómo en ocasiones los seres humanos entramos en un juego de competir con nosotros mismos, dividiéndonos en tres de la siguiente manera: la persona ideal que quiero llegar a ser, la persona que socialmente debería ser y la persona que realmente soy.

La lucha interna y constante entre estas tres "personas" a menudo se define por no lograr las expectativas de ser quienes deberíamos ser (de nuevo, según nosotros). Por supuesto, esto produce un sentimiento de no alcanzar, de decepcionar, de arruinar, de perjudicar. La tiranía de los "deberías" es caer en pensamientos como estos: *debería haber sido, debería haber logrado, debería haber dicho, debería no haber hecho, debería no haber dicho.*

Hemos visto cómo, al convertirnos en padres, experimentamos un torbellino emocional. Tantos sentimientos, decisiones, tareas, compromisos y acuerdos en ocasiones pueden ser muy difíciles de gestionar. Esto da como resultado el que en ocasiones nos podamos sentir enormemente inseguros. Lo que pasa una y otra vez por nuestra mente es: *si no lo hago bien, o, incluso perfecto, las consecuencias serán catastróficas.* Las expectativas y metas, que son casi imposibles de alcanzar, provocan que día tras día nos sintamos culpables justamente por no lograrlas.

Este sentimiento trae consigo bastante sufrimiento y no nos lleva a ninguna solución. Es así como caemos en la trampa. Pero recuerda, la culpa es un sentimiento, una forma de pensar y vernos. Como padres, necesitamos ser libres de esto, tanto para nosotros como para nuestros hijos.

Sentirte culpable de todo no te hace un padre más eficaz, solo un padre más infeliz. Es mejor aprender a lidiar sanamente con el sentimiento de culpa. Si no decides soltarlo, no te dejará; seguirá siendo una voz interior que observa, evalúa y juzga tus acciones diarias. Te seguirás sintiendo culpable de trabajar y no tener tiempo suficiente en casa; culpable de quedarte con tus hijos y no contribuir económicamente en la casa; culpable de haber jugado con tus hijos todo el día y tener la casa sucia; culpable de tener impecable la casa pero no haber pasado tiempo suficiente con los hijos; culpable por ser muy estricto o de ser permisivo; culpable de darles mucha atención y sentir que los estás malcriando. ¡Qué agotador!

Recuerda, en esta etapa, tienes que tomar cientos de decisiones. Algunas te cambian la vida, otras son más cotidianas, pero la mayoría de ellas no tienen una respuesta clara. No hay soluciones unilaterales porque son problemas humanos: ¿Será que mis hijos tienen muchos juguetes? ¿Será que tienen muchas actividades? ¿Gastaré más y compraré todo orgánico? ¿En qué colegio los inscribo? ¿Nos alcanza para ese colegio? ¿Deberíamos trabajar ambos padres? ¿Necesitan clases extras? ¿Seguiré con la lactancia? ¿Los llevo a su clase de natación o hace mal tiempo? ¿Obligo a mis hijos a saludar aunque no quieran? ¿Los obligo a disculparse aunque la disculpa no sea sincera?

Analizando más a fondo el tema, nos percatamos de que los "deberías" sutilmente afectan muchas áreas. Podemos encontrar tres tipos de "debería" en función de hacia qué o quién se dirigen.

1.- Los debería dirigidos hacia uno mismo.

Se tratan de las expectativas que tenemos sobre nosotros mismos. Por ejemplo: *debo hacer bien todo lo que me propongo*. Dentro de este tipo también se incluirían aquellos "deberías" que responden a lo que los demás esperan de mí: *debo ir, debo llamar, debo agradar, debo ser un buen padre o una buena madre, etc.*

2.- Los debería dirigidos hacia otras personas.

Se tratan de las expectativas que tenemos sobre otros: *deben de ayudarme a conseguir lo que quiero, deben de quererme, deben darme su aprobación*. Hacia nuestros hijos se escucharía de la siguiente manera: *deben portarse bien, deben sacar buenas notas, no deben avergonzarme, deben responder igual que sus hermanos, etc.*

3.- Los debería dirigidos hacia el entorno o las condiciones vitales.

Nos desilusionamos y nos sentimos fracasados cuando la realidad no es como "debería" de ser. *Yo no debería sufrir esto, la vida no debería tratarme así, mis hijos deberían ser mejores, las cosas deberían ser diferentes para mí, etc.*

¿Qué resultado tienen estos constantes "deberías" en nuestra vida? El mensaje para nosotros es claro: *no somos suficientes y nunca lo seremos; las demás personas nos van a defraudar; y nuestra vida es una desilusión.* ¡Qué triste forma de vivir! Permanecer bajo la tiranía de los deberías es definirnos y enfocarnos en los defectos, deficiencias y debilidades que experimentamos.

Peor aún, podemos transmitir esta actitud a nuestros hijos. No lo hacemos a propósito, pero les comunicamos el mismo mensaje terrible: *tú no eres suficiente y nunca lo serás.* Repito, no es intencional. Los hijos aprenden un poco de lo que decimos, pero absorben muchísimo más de lo que no decimos. Se dan cuenta y empiezan a imitarnos a un nivel más básico: lo que celebramos, lo que odiamos, lo que nos molesta, lo que nos da miedo, lo que valoramos, lo que nos avergüenza, lo que nos motiva. Cuando reaccionamos a los errores (de ellos o de nosotros) con un frustrado y contundente "debería", o cuando promovemos y cargamos el sentimiento de culpa para nosotros o para ellos, estamos reforzando un perfeccionismo imposible y tóxico. Lamentablemente hay familias que viven chantajeándose emocionalmente todo el tiempo. Se sienten rechazados, lastimados y no amados, y estos "deberías" están sembrados en el corazón como una especie de cadenas que se heredan por generaciones.

Considero al sentimiento de culpa uno de los enemigos más grandes de una paternidad exitosa.

Con base en más de veinte años de experiencia en la educación e incontables citas con padres, considero al sentimiento de culpa uno de los enemigos más grandes de una paternidad exitosa. Es tan importante aprender a identificarlo y romperlo, en vez de alimentarlo y reproducirlo. Ya vimos cómo este sentimiento puede dañar y casi paralizar tanto a padres como a hijos, pero tiene otros efectos secundarios que son más sutiles.

Uno de estos es querer compensar nuestros errores de maneras dañinas. Muchos papás llegan a mi consultorio quejándose de problemas de disciplina con sus hijos. Vamos a hablar más del tema de la disciplina en otro capítulo, pero déjame decirte que muchas veces el problema no es sólamente el comportamiento de los hijos —son pequeños y apenas están aprendiendo cómo comportarse— sino las reacciones incorrectas de los padres al mal comportamiento y luego a la culpa que sienten por su mal proceder. Esto desata un círculo vicioso:

MAL
COMPORTAMIENTO
(HIJO)

MAYORES
DEMANDAS
(HIJO)

REACCIÓN
EXTREMO
(PADRE)

ACCIÓN DE
CULPA
(PADRE)

SENTIMIENTO
DE CULPA
(PADRE)

Permítame explicar este diagrama a mayor detalle. Primero, digamos que, por alguna razón, un niño hace algo indebido: un berrinche en público, por ejemplo. En vez de responder correctamente, mamá o papá reacciona demasiado fuerte, tal vez con un grito o incluso un golpe. Después, entra el sentimiento de culpa. El padre sabe que *debería* haber reaccionado diferente. Sin embargo, en vez de aceptar su error, pedir perdón y cambiar, intenta compensar haciendo algo que *no debería* hacer: permitiendo que alguna regla se rompa, por ejemplo, o comprándole un juguete caro a su hijo. Por supuesto el niño, a futuro, va a querer que esta acción continúe, entonces se volverá más exigente. La siguiente vez que mamá o papá no le dé lo que desea, repetirá el mal comportamiento, empezando de nuevo el círculo.

¿Cómo rompemos el círculo? Ya vimos que vamos a cometer errores, entonces la respuesta no es eliminar toda reacción equivocada. (Claro, tampoco podemos justificar errores diciendo que es imposible ser perfectos. Los golpes, por ejemplo, jamás tienen lugar en una familia). La respuesta radica en aprender cómo responder al sentimiento de culpa que sentimos. Es saber responder a esa voz que dice, "deberías...".

Aquí entra de nuevo la regla de cuatro que ya mencioné. El mal comportamiento es difícil, por supuesto, y más aún cuando sucede en un lugar público o en un momento de mucho estrés. "Deberías" responder con amor y calma, por supuesto, y me imagino que muchas veces sí lo haces así. Cuando no *respondes* correctamente, sino que *reaccionas* incorrectamente, continúas el círculo vicioso. Reconoce tu error, identifica qué pasó, discúlpate y cambia. Este proceso asegura que tanto tú como tus hijos aprendan lo correcto de la situación y experimenten una transformación genuina.

Cabe mencionar que el sentimiento de culpa en los niños se agranda cuando perciben un trato diferente entre los hermanos. Generalmente esto sucede con pequeñas cosas, con acciones o palabras no tan claras o tangibles. No son "los más" lo que les afecta, sino "los menos". Es decir, tal vez reciban la misma cantidad y calidad de regalos, viajes, clases extras y oportunidades de educación. Pero en cuestiones menos tangibles, alguno puede sentir que recibe menos ternura, menos interés en sus calificaciones escolares y en sus diversas experiencias cotidianas, menos atención cuando está enfermo, menos deseo por tenerlo cerca, menos disposición a tratarlo como confidente, menos admiración por su belleza y sus logros, etc. Por lo tanto, es importante dar atención, cariño y cuidado suficiente a cada hijo, y a la vez reforzar positivamente su autoestima, ayudándolos a evitar las comparaciones y lidiar con sentimientos de culpa.[46]

Entonces, ¿cómo nos libramos de la tiranía de los "debería"? Primero, *deja de vivir controlado por un sentimiento*. Es tiempo de desenmascarar al sentimiento de culpa: no es más que una ilusión que nos impide percibir la realidad. La culpabilidad es una emoción que se deriva del miedo, y cualquier decisión que es tomada con base en el temor no tendrá buenos resultados porque uno, como padre o madre, cría desde el sentimiento y la emoción. Te lleva a "levantar castigos" o a ser incapaz de establecer límites, lo que con el tiempo será nocivo para el desarrollo conductual de tus hijos.

> *No puedes cambiar el pasado, pero puedes vivir diferente de ahora en adelante.*

Segundo, *no vivas en el pasado*. Acepta que las cosas pueden ser diferentes a cómo desearías. Reconoce que vivirás momentos en los que lamentarás tus reacciones o en que sucedan cosas que no planeaste. No te quedes atascado en los días difíciles o incluso en los años difíciles. No puedes cambiar el pasado, pero puedes vivir diferente de ahora en adelante.

Tercero, *acepta que tendrás que tomar decisiones difíciles*. No es posible agradar a todos, el 100% del tiempo. Por ejemplo, cuando sea necesario, debes poder priorizar tus necesidades sobre las de tus hijos sin el sentimiento de culpa.

Cuarto, *toma responsabilidad por tus acciones.* Es una tarea ardua pero necesaria. La culpabilidad te hace vivir como víctima, pero puedes retomar tu autonomía y actuar con base en tus valores, no en emociones.

Quinto, por último, *cambia "debería" por "me gustaría".* No es lo mismo decir "debo ayudar siempre a los demás" que "me gusta ayudar a los demás". Cuando usas "me gustaría", no sientes que sea una obligación, la presión disminuye, tu motivación se mantiene y puedes centrar tus recursos en alcanzar aquello que deseas.

En todo esto —insisto y resumo— la meta final no es la perfección. Ser "padre perfecto" es un mito, y peor aún, es una meta que fácilmente se vuelve nociva. Lo importante en la paternidad es la relación y el avance familiar: estar juntos, aprender juntos, reírse juntos, soñar juntos, caminar juntos.

Para salir de las trampas del perfeccionismo, quizá tendrás que cambiar algunas cosas. No puedes seguir haciendo lo de siempre y esperar que todo mejore; más aún si es algo dentro de ti, como la inseguridad o el orgullo, lo que está saboteando tu paternidad.

No exijas la perfección, pero tampoco te conformes con el estancamiento. Busca sabiduría, pide consejo, déjate ayudar. Recuerda, las acciones reducen el temor y aumentan la valentía, entonces no hay que permitir que los errores y la culpabilidad te paralicen. Sigue adelante, entonces, buscando las estrategias más adecuadas para adaptarte a cualquier situación.

Creo firmemente que fuiste creado con un valor innato y la capacidad de superar, de salir adelante, de triunfar. No eres el padre perfecto —solo Dios lo es, al final del día— pero puedes ser el padre perfecto *para tus hijos.* Y eso es lo que más cuenta.

8. A ver, platícame: el arte olvidado de la conversación familiar

La forma en que hablamos con nuestros hijos
se convierte en su voz interior.

—Peggy O'Mara[47]

En una ocasión, una amiga mía, mamá de una niña de seis años, me visitó y, apenas empezó a hablar y se quebrantó completamente. Lloraba tanto que no podía siquiera explicarme lo que le sucedía. Finalmente logró hablar, y dijo, —mi hija ayer me preguntó si yo sabía qué hacer en caso de que alguien la violara. —Después continuó en llanto.

Ante esa información, mantuve la compostura y le hice algunas preguntas. —¿Cuándo te preguntó esto?

—Ayer por la tarde, mientras regresábamos de casa de mi hermana. Apenas nos habíamos subido al carro cuando ella me hizo la pregunta.

—¿Y qué dijiste tú? —pregunté.

—Solo le dije que dónde había aprendido esa palabra, que dónde había escuchado eso y que si alguien la había lastimado.

—¿Cómo se lo preguntaste?

—¿Cómo? —me respondió la mamá—. ¿Cómo que cómo? Si quieres saber si estaba alterada, pues sí, sí lo estaba. Pero tú también eres mamá, y me entiendes, ¿no?

—Cuando le preguntaste eso, ¿estabas gritando? —continué cuestionado.

—Mmm, creo que sí gritaba, pero no porque estuviera enojada. Es solo que... tú sabes, estaba preocupada. Además, ¡me desespera que no me conteste cuando le estoy preguntando algo!

Me comentó que su hija no le respondía las preguntas. El silencio de su niña la atormentaba, y tratando de descifrar qué le había sucedido a su pequeña, toda esa noche había creado escenarios distintos en su mente, cosas que "pudieron haber pasado". Estaba desconsolada, asustada y además muy cansada.

Después de tratar de tranquilizar a mi amiga, la envíe a casa con esta tarea: simplemente preguntar a su pequeña qué sabía al respecto.

¿Quieres saber cuál fue la respuesta? "En casa de mi tía, mis primos hablaban acerca de que es muy importante que los niños conozcamos nuestros derechos para que nadie los viole".

Si esta mamá no se hubiera alterado tanto en el momento, seguramente hubiera logrado una respuesta concreta de su pequeñita, y se hubiera ahorrado mucho dolor, ansiedad y cansancio. Además, no hubiera espantado tanto a su hija, y hubieran disfrutado una plática importante acerca de los derechos de los niños.

Mi amiga sufrió una falta de comunicación, cosa que todos los papás hemos experimentado. Creo que la gran mayoría de los padres entienden la importancia de la comunicación. Lo que a veces nos cuesta trabajo es saber *cómo* fomentar y mantener esa comunicación. Nos frustramos porque queremos esa conexión con nuestros hijos, pero a menudo se complica mucho. Parece que no nos cuentan lo que están pensando y que no entienden lo que les queremos enseñar.

Es importante, entonces, entender qué queremos decir con la palabra "comunicación" y cómo podemos desarrollarla dentro del contexto familiar.

La importancia de la buena comunicación

Entendemos como una buena comunicación aquella que provoca que dos individuos se conecten de una manera sana y eficaz. Esto es precisamente lo que todos los seres humanos necesitamos: conexión.[48] De hecho, en cualquier sociedad, la conexión es esencial para la supervivencia.[49] Si como seres humanos sociales no logramos pertenecer, o si no somos vistos, cuidados y amados, la vida se vuelve casi imposible.

Este sentimiento de ser visto es sumamente importante en la familia. Los bebés lo aprenden desde una edad temprana: cuando lloran en su cuna en la noche, sus papás aparecen, y ambos se ven; su presencia entonces les da seguridad. Es decir, empiezan a relacionar el ser *escuchado* con el ser *visto*, y el ser visto con "estoy bien, no hay peligro, soy importante". Con niños más grandes, pasa algo similar. Cuando les damos nuestra atención y escuchamos lo que dicen, se sienten validados, importantes, vistos. Si no les hacemos caso o solamente nos dirigimos hacia ellos para regañarlos, se sienten invisibles y no importantes.

Este tipo de conexión-relación es lo que buscamos tener en casa, y si los hijos lo aprenden ahí, les servirá en todas las áreas de la sociedad. En especial, la comunicación dentro de la familia determina la manera en que los niños expresan emociones y sentimientos, del mismo modo que moldea la manera de comunicarse con los demás. Eso es importante porque la comunicación es una actividad holística: abarca todo lo que somos como seres humanos. A veces subestimamos esta transmisión de información, pero en realidad, la comunicación humana es cómo construimos vínculos al dar sentido a la expresión de emociones, experiencias, conceptos, aspiraciones y un sinfín de cosas que van más allá de los datos y hechos de algún tema.[50]

En realidad, todo el tiempo estamos comunicando, y lo que

comunicamos tiene mucho que ver con *cómo* y *por qué* decimos las cosas, no solamente *qué* decimos. Por eso no siempre transmitimos lo que realmente queremos decir. Por ejemplo, yo puedo repetir la misma frase en cinco diferentes tonos de voz, y el mismo mensaje será recibido de cinco maneras distintas. La comunicación familiar saludable toma en cuenta tanto el contenido de las palabras, tono y acciones como la intención detrás de estos.[51]

La pregunta más importante aquí es: ¿estoy comunicando realmente lo que deseo comunicar? ¿Mis hijos perciben un mensaje distinto a lo que creo que estoy transmitiendo? Si ellos están recibiendo algo diferente a lo que queremos comunicar, quiere decir que la conexión está fragmentada.

Entonces, con respecto a la comunicación, tenemos que primero identificar si la conexión entre nuestros hijos y nosotros en algún punto se está fragmentando y, de ser así, aprender cómo reconectarnos. O, si somos padres o madres de un bebé, saber qué podemos hacer para evitar que en el camino ocurra esta desconexión.

Errores que perjudican la comunicación

Recuerda, si la conexión está fragmentada, no es necesariamente culpa de nuestros hijos. Muchas veces nos justificamos diciendo, "Es que así son los adolescentes; nunca te platican nada" o cosas por el estilo. Por supuesto cada etapa (y cada niño) es diferente, pero si la comunicación está realmente fragmentada, nos urge encontrar y tratar las causas, no poner pretextos.

Para eso, es importante empezar con nosotros. Al final de cuentas, ¡somos los adultos! Debemos crecer y madurar no solo de acuerdo con nuestra edad, sino al nivel de autoridad que se nos está confiando. Nos toca ser sabios y valientes, poniendo el ejemplo de la comunicación.

¿Cuáles son, entonces, algunos errores que perjudican la comunicación? Veamos juntos dos de los más comunes.

Error #1. Ser padres inseguros.

Cuando converso con los padres acerca de la conexión con sus hijos, a menudo encuentro que a raíz de sus inquietudes manejan mucho temor e inseguridad. A los padres les asusta no saber lo que a sus hijos les está pasando, y constantemente se afanan tratando de descifrar por qué sus hijos actúan de tal forma o por qué toman ese tipo de decisiones. Temen a que alguien más los conozca mejor que ellos, sus padres, o que los hijos tengan más confianza en otros que en ellos. Temen que algo terrible les esté pasando y ellos sean de las últimas personas en enterarse. Temen que la educación que se les brinda no sea suficiente para que tomen las decisiones que ellos como padres esperan.

Al final del día, todas estas dudas tienen que ver más con la seguridad emocional del padre que de sus hijos, y es aquí donde está el error. Siempre que somos motivados por el temor, obtendremos panoramas borrosos, nada claros, porque el temor tiende a cegarnos. No podemos permitir que la conexión y comunicación con nuestros hijos se basen en, o se definan por, el temor. Esto no producirá un enlace sano, primero porque nuestros hijos no van a querer hablar con nosotros de temas importantes porque reaccionaremos de manera agresiva y, segundo, porque nuestras perspectivas y consejos serán distorsionados por el miedo y enfocados principalmente en nuestro bienestar, no el suyo.

Mi amiga cometió este error. Como suele pasar, escuchó una palabra que resonaba en su cabeza, como recibir una especie de martillazo, y al sentir el golpe, reaccionó por temor. Debido al temor que sentía, sus preguntas a su hija parecían interrogatorio: ¡¿Cómo...?! ¡¿Por qué...?! ¡¿Quién...?!

Nos pasa a todos a veces. Nos asustamos, nos llena de temor la simple idea de pensar que alguien se haya lastimado o que algo muy horrible le haya sucedido a alguno de nuestros hijos. Pero esa reacción —provocada por la necesidad de proteger— a su vez asusta al niño, y en respuesta a esa reacción, el niño promedio hace algo que nos espanta todavía más: guarda silencio. Y ese silencio es tormentoso para cualquier padre.

Ya que la meta para situaciones como estas es obtener respuestas concretas, la regla general es empezar con una pregunta así: "¿Qué sabes de eso?". Es decir, *no* empezar con interrogaciones que le van a poner a la defensiva o intimidarle: *por qué, cómo es posible, cómo se te ocurrió, quién te dijo esto, cómo aprendiste aquello*, etc. Primero, hay que buscar información. Y para eso, debes hacer preguntas objetivas, tranquilas, sin imaginar lo peor desde el inicio. En el caso de mi amiga y su hija de seis años, la pregunta correcta hubiera sido: ¿Y qué es violar? Esto hubiera abierto la puerta para una plática tranquila, objetiva, enriquecedora.

Es imposible eliminar todo temor, y tampoco es necesario: el temor sano tiene su lugar porque nos motiva a ser cuidadosos. Sin embargo, no es un buen fundamento para todas las interacciones que tenemos con nuestros hijos. Ellos necesitan y merecen más. Debemos reconocer nuestra tendencia a temer o a sentir inseguridad y conscientemente reemplazar dichas tendencias con cualidades positivas: amor, humildad, valentía, fe y sabiduría. Esto producirá un contexto seguro para hablar incluso de temas difíciles, y también enseña a nuestros hijos a lidiar con sus propios temores de manera objetiva y sana.

Error #2. Ser padres reactivos.

Cuando algo inesperado o desagradable pasa con nuestros hijos, ya sabemos cómo debemos responder: con paciencia, dominio propio, tranquilidad. Pero en la vida real, las emociones a veces nos ganan. Como vimos en el punto anterior, el temor, en particular, tiene un poder increíble para controlar nuestras reacciones.

> *Si queremos que ellos manejen bien sus emociones, tenemos que poner el ejemplo.*

Pero el hecho de que sea difícil controlar nuestras emociones no quiere decir que sea un caso perdido. No sólo es posible, sino que es esencial. Si para nosotros es una lucha, ¿cuánto más sería para nuestros hijos? Si queremos que ellos manejen bien sus emociones, tenemos que poner el ejemplo.[52] Los padres somos los responsables de enseñar esta habilidad.

Para eso, tenemos que aprender a *responder* a las circunstancias adversas, no a *reaccionar* ante ellas. Responder habla de control propio, de actuar con intencionalidad y sabiduría. Reaccionar implica ser controlados por la situación, actuando en pánico o en automático, solo buscando sobrevivir en el momento.

También debemos dejar de ser padres *reactivos* y convertirnos en padres *proactivos*. Ser proactivo habla de planear para el futuro y actuar con tiempo en lugar de reaccionar solo cuando ese futuro ya si hizo realidad. Habla de tomar el control y hacer que las cosas ocurran, no ser víctimas pasivas nada más.[53]

Nuevamente, los ojos de nuestros hijos están puestos sobre sus figuras de autoridad. Son nuestro espejo, observando cómo expresamos nuestras emociones. Si cuando nos llenamos de frustración o enojo aventamos cosas o gritamos a los demás, no nos debe sorprender que actúen de la misma manera a la hora de enfrentarse con un "no" de nuestra parte. Recuerda también que los niños muchas veces reflejan nuestros berrinches a su nivel: si nosotros lastimamos a otros, por ejemplo, ya que ellos no pueden lastimarnos a nosotros, tal vez hieran a sus hermanos o a sí mismos. Si nosotros lloramos descontroladamente cuando alguna situación se pone tensa, o si nos encerramos, o huimos, o castigamos con el silencio, ellos también podrán llorar o gritar o encerrarse en el silencio cuando no obtengan lo que quieren o cuando no sepan cómo expresar lo que sienten.

Como padres, tenemos que saber identificar lo que sentimos para entonces elegir la forma adecuada de expresarlo. Al hacer esto, enseñamos a nuestros hijos a hacer lo mismo y les damos herramientas para tener conexiones saludables en otras áreas de la vida.[54]

Las preguntas más importantes

¿Cómo, entonces, podemos ser buenos comunicadores? Como ya mencioné, la mayoría de los padres valoran la comunicación. De hecho, una de las preguntas más comunes que los padres me hacen es precisamente esa: ¿Cómo me conecto con mis hijos? Su pregunta revela lo difícil que es llevar a cabo la visión que tienen sobre la comunicación familiar.

Sería mentira decir que la respuesta es fácil, pero tampoco es una misión imposible. Más bien, es algo que requiere de sabiduría, esfuerzo y práctica. Y, sobre todo, de paciencia.

Antes de hablar de estrategias específicas, quiero que veas que cuando los padres preguntan, "¿cómo me conecto con mis hijos?", siempre enfatizan la palabra clave *cómo*. Eso es lo que más les interesa: las maneras, las claves, las soluciones.

Los comprendo. Sin embargo, esta pregunta es un poco superficial, o por lo menos prematura, ya que se trata de acciones nada más, sin tomar en cuenta actitudes, filosofías y motivaciones. Para contestar el "cómo", debemos primero responder las siguientes preguntas: ¿qué?, ¿cuándo?, ¿por qué? y ¿para qué? Finalmente, cuando hayamos establecido las respuestas a lo anterior, podemos indagar en el cómo.

1.- ¿Qué?

En general, el qué es la pregunta que nos lleva a las demás preguntas. Supone el comienzo de un interés, siendo una palabra que utilizamos para introducirnos al tema. En el caso de la comunicación con los hijos, comenzaremos con: ¿qué deseamos? La respuesta dentro de este contexto sería: deseamos conectar o reconectar con nuestros hijos. Aquí estamos estableciendo claramente nuestra meta: la conexión. No solamente queremos información, no estamos buscando control, no vamos a imponer nuestros monólogos, y esto no se trata de acusar, castigar o limitar. Nuestra meta debe ser establecer una conexión auténtica, donde ellos tengan la seguridad y confianza de conversar con nosotros.

2.- ¿Cuándo?

Este es un indicador de tiempo. Hablando de la conexión que buscamos establecer, la respuesta a esto sería: deseamos conectar con nuestros hijos todos los días, o deseamos recuperar nuestra comunicación y conexión lo antes posible. Aquí estamos definiendo la urgencia y la frecuencia, concretando así la importancia del tema. No estamos buscando solamente que nos platiquen lo que *nosotros* queramos escuchar y cuando lo queramos escuchar. Tampoco esto se trata de demandar respuestas o explicaciones cuando algo está mal o cometieron un error. Los padres que quieren "conectar" con sus hijos solamente para exigir algo o para regañarlos cuando se equivocan no entienden la meta de la conexión. Queremos canales abiertos todo el tiempo, para que en cualquier momento puedan acercarse con nosotros y contarnos lo que es importante para ellos.

3.- ¿Por qué?

Este es un indicador que nos llevará a la causa, a la motivación de nuestro corazón. ¿Por qué deseo tener una buena comunicación con mis hijos? ¿Por qué me siento preocupado de no tenerla? La respuesta sería algo así: deseamos tener una buena comunicación con nuestros hijos porque los amamos.

4.- ¿Para qué?

Este es un indicador de propósito. Da sentido y dirección a nuestros pensamientos, por lo tanto, esta pregunta es sumamente importante, en especial cuando se trata de dar claridad respecto a la relación con nuestros hijos. Podríamos contestar esta pregunta diciendo que buscamos una mejor conexión para que tengamos una relación sana con ellos, para que se sientan seguros y amados, y para que los ayudemos a tener la mejor vida posible.

Responder a las preguntas anteriores —qué, cuándo, por qué, y para qué— te ayudará a solidificar tu visión para la comunicación familiar. No es suficiente solo buscar "que mis hijos me hagan caso" o "que contesten mis preguntas". Lo que debemos buscar es algo más auténtico, completo y bello: una conexión de corazón.

Con base en las respuestas a estas cuatro preguntas, entonces, el "cómo" comunicar y tener una conexión real con nuestros hijos es más fácil de identificar. Ahora sí, vamos a hablar de esto.

9. Cómo lograr (y mantener) una conexión auténtica con tus hijos

Al amar a nuestros hijos por algo más que sus habilidades
se les demuestra que para nosotros son mucho más
que la suma de sus logros.

—Eileen Kennedy-Moore[55]

Cuando pienso en el esfuerzo que los padres hacemos por dar la milla extra en conectar con nuestros hijos, pienso en mi esposo. El creció en una familia con solo hermanos (varones); ahora, en nuestra familia, tenemos solo tres hijas. ¡Ha de ser un cambio drástico a lo que vivió en su infancia! Admito, mis tres hijas y yo hablamos casi todo el tiempo, compartiendo con él nuestro día a día, y es consciente de la necesidad de que cada una sea escuchada.

Siempre observo con ojos de admiración la manera tan peculiar que tiene de intencionalmente conectar con cada una de nuestras hijas. Casi todas las noches desde que ellas eran bebés, él las lleva a dormir. Dependiendo de su edad, les prepara todo para ello, desde lavarles los dientes hasta taparlas y asegurarse que estén cómodas para dormir. Cada noche puedo verlo rodeado de ellas mientras les lee una historia, después platican acerca de la misma y finalmente las bendice orando por cada una. Dedica por lo menos una hora diaria para este tiempo en específico.

También busca momentos en el día para tener conversaciones únicas. Tiene el don de escuchar con paciencia y genuino interés, y definitivamente es intencional en mostrarle su amor a cada una de la manera que lo requieran. Trata a nuestras tres hijas (y a mí) con profundo amor. Les lleva flores cada semana, y puedo decir que ha logrado desarrollar una relación basada en la confianza con cada una.

Muchas veces planea "dates" o salidas con una sola, y sabe exactamente cuál es el lugar ideal para llevar a cada una. Las tres son sumamente diferentes en sus gustos, personalidad y necesidades, y están pasando por etapas distintas. A una la lleva a cenar a un restaurant especial. Es todo un proceso, por supuesto: la espera a que se arregle y accede a tomarse fotos juntos antes de salir de casa. Con otra, simplemente pide que lo acompañe a realizar pendientes de su trabajo, porque lo que ella desea es tener largas, serias y profundas conversaciones en donde le puede preguntar todos los detalles posibles. Comen algo sencillo (¡incluso en el carro!), porque lo que más busca es ser parte de las cosas que él hace. A la tercera le apasiona pasar un tiempo 100% de calidad. Mi esposo reconoce la necesidad que tiene de ser escuchada atentamente, y la lleva a tomarse un café y un chocolate caliente donde se sientan uno frente al otro mientras él la escucha.

Mi esposo no es perfecto, por supuesto. Y definitivamente tiene momentos en los que necesita "su espacio" para estar a solas. (¡Ahí es donde hacemos equipo!). Es alguien que ama con acciones y que se esfuerza en adaptarse a las necesidades de su familia. No solo es un proveedor económico, sino de las necesidades aún más importantes, como las espirituales y emocionales, que nuestra familia requiere.

La relación que mi esposo tiene con nuestras hijas y la confianza y amor que ellas le demuestran ilustran algo sumamente importante para los padres: el poder de una conexión verdadera. La conexión padres-hijos es un vínculo poderoso y único, algo que los padres anhelamos tener y nuestros hijos también. Ya sabemos que proteger, proveer y enseñar es parte de nuestro papel, pero debemos recordar que tener una relación genuina con ellos es más importante aún.

Buscar, preguntar, escuchar

Ya sea que tengas aún niños pequeños o que hayas llegado a la etapa de la adolescencia con tus hijos, quiero darte algunas ideas para mejorar tu conexión con ellos.

Como ya mencionamos, cada etapa y cada hijo es diferente. No existe una secuencia de pasos que de la noche a la mañana transformen a cualquier niño —o a cualquier padre. Todos estamos aprendiendo, y todos tenemos libre albedrío. Es importante recordar que la conexión que buscamos es algo que toda la vida vamos a desarrollar y mejorar, no solamente durante unos días o semanas.

Los siguientes puntos son sugerencias generales, y existen muchas formas de aplicarlas a tu familia. Eso te toca a ti descubrir, ya que al final del día, nadie conoce a los hijos como sus padres.

1.- Buscar ocasiones.

Sé intencional y proactivo en iniciar conversaciones. Es decir, provoca el momento. Lo más difícil siempre será dar el primer paso, pero lo importante es estar dispuesto.

Por ejemplo, recomiendo mucho conversar con ellos de los planes del día o de la semana. No quiero decir con esto que pidas permiso a tus hijos para tomar todas las decisiones de la agenda familiar, sino que converses con ellos del día a día y aproveches para aclarar dudas que ellos tengan y que más adelante puedan provocarles angustia o inseguridad. Conversa con ellos especialmente cuando habrá un cambio en la rutina que siguen regularmente.

Si acostumbras a tus hijos desde pequeños a compartir con ellos tus planes, será una práctica común en tu familia. De alguna manera formarás en ellos el hábito de darte información no solo de lo que harán en el día, sino que la conversación se podrá convertir en una plática profunda de lo que sienten. Eso crea intimidad y desarrolla confianza.

Puedes aprovechar los momentos cotidianos o los eventos inesperados para compartir sabiduría y valores con tus hijos de manera natural, incluso casual. Si alguien más va a pasar por ellos a la escuela, por ejemplo, puedes recordarles de esto en la mañana mientras manejan camino al colegio, y luego aprovechar para mencionar el código de disciplina o comportamiento que esperas de ellos, recordándoles que la disciplina es para protegerlos.

Como un ejemplo más, si uno o ambos de los padres van a salir de la ciudad, es importante que les comenten a sus hijos con tiempo. No temas darle información acerca del viaje; por el contrario, explícales a dónde iras y con qué propósito. Si el viaje es de trabajo, es un buen momento para que menciones en qué consiste. Tal vez viajas para una capacitación, así que puedes compartir con ellos de qué tratará la misma; o comentarlos que hay muchas personas escuchando las conferencias, que casi no tendrás tiempo libre, que te gusta mucho al hotel donde te vas a hospedar, etc. No es necesario que trates de fingir que no quieres ir, porque eso puede provocar que ellos sientan tristeza por ti y piensen que no estás cómodo haciendo este viaje.

Si el viaje se trata de placer, como tomar un tiempo papá y mamá a solas (lo cual recomiendo ampliamente), también es bueno que lo compartas con ellos. Explícales la necesidad que tienen de descansar y de pasar tiempo juntos y que, aunque papá y mamá los van a extrañar mucho, también saben que van a estar muy bien.

2.- Hacer las preguntas correctas.

Muchos padres se quejan de la poca información que sus hijos les dan, por ejemplo, al recogerlos del colegio, pero no piensan en que tal vez la pregunta, "¿cómo te fue hoy?" generalmente será contestada con un "bien", y por esa razón perdemos la oportunidad de crear un espacio de verdadera comunicación. Debemos ser conscientes de que por cada pregunta general que realicemos, obtendremos también una respuesta general.

Otro punto importante aquí es que los niños muchas veces no saben verbalizar sus emociones o incluso identificar su porqué. Si ante algún comportamiento que no entendemos solo insistimos, "¿por qué dices esto?" o "¿por qué actuaste así?", puede pasar lo que mencioné anteriormente: se encierran en el silencio al no saber qué decir. De hecho, el interrogativo "por qué" muchas veces no ayuda, a tal grado que en mi profesión como terapeuta, se recomienda no usarlo. Generalmente, al escuchar un ¿por qué?, la gente hace una de dos cosas: o intenta justificarse (en vez de ser honesto y aceptar su responsabilidad) o se confunde y se calla (pues no sabe cómo responder).

Recuerdo que en una ocasión me quedé a cuidar a mis sobrinas de cuatro y nueve años de edad. Mi familia y yo pasamos un día divertido con ellas, pero en la noche, la pequeña empezó a llorar sin parar. Le preguntábamos qué pasaba y porqué lloraba, pero no quiso contestar. No respondía o solo repetía, "no sé". Finalmente, me acerqué y le dije, "mi amor, ¿que necesitas?".

Lloró todavía más y contestó, "un abrazo, tía". Una vez que la abracé, dijo, "extraño mucho a mis papás", y después de unos segundos, dejó de llorar. Me di cuenta de que no había podido verbalizar lo que sentía: una angustia grande debido a la separación de sus papás. Tenía que primero expresar su necesidad de un abrazo y sentirse segura para luego identificar el motivo de su angustia.

Con solo un cambio de palabras, ella respondió y sintió alivio. Esto también puede funcionar con nuestros hijos. En vez de insistir que contesten nuestras preguntas tal como las formulamos, debemos buscar la manera de llegar a su corazón. Respecto a la pregunta clásica, ¿cómo te fue hoy en la escuela?, sería mejor preguntar cosas como: ¿Qué hicieron hoy? ¿Qué materias trabajaron? ¿Fueron todos tus compañeros? ¿Tienes algún nuevo maestro? Llegando a casa, mientras hacen tareas juntos por la tarde, puedes revisar sus cuadernos y preguntar: ¿Cómo te va con las tablas de multiplicar? ¿Has entendido bien las fracciones de quinto grado? ¿Hay algún compañero nuevo en el equipo de fútbol? ¿Cómo es tu maestra? ¿Por qué crees que te sentías más cómodo con la otra maestra?

Otro beneficio de un ambiente donde florecen las preguntas interesantes y las respuestas abiertas es que ayudamos a nuestros hijos en el manejo propicio del diálogo interno: es decir, la autoconfrontación o disciplina interna. Los acostumbramos a hacer preguntas que los llevan a reflexionar, analizar y expresar su mundo interior.

3.- Escuchar activamente.

Los padres debemos recordar que la comunicación se trata de dos: de un emisor y un receptor. Ese emisor y receptor son *cambiantes*. Es decir, los padres no debemos ser solo emisores; específicamente requerimos ser receptores, o sea personas que saben escuchar.

Escuchar es una habilidad más difícil de pulir que la de hablar. Como cualquier habilidad, debemos ser intencionales en desarrollarla. Hay que aprender acerca de la escucha activa, la cual requiere paciencia, comprensión y sobre todo empatía.[56]

Al escuchar, necesitamos prestar atención y observar atentamente. De esta manera podremos atender mejor y comprender más a nuestros hijos. En ocasiones, nuestra mente está alerta pensando en qué responder, y ahí es donde a veces perdemos la oportunidad de enviar el mensaje correcto que, en muchas ocasiones, es solo: *Te escucho.* Por medio de este verbo *escuchar*, les mostramos amor, aceptación y confianza.

Por lo regular el niño pequeño busca que lo escuches. Muestra poco a poco y en situaciones del día a día la necesidad no solo de expresarse sino de ser escuchado. En términos generales, lo que está intentando hacer (desde el día en que nació, de hecho) es crear un vínculo de *apego.*

> *Por medio de este verbo escuchar, les mostramos amor, aceptación y confianza.*

El apego siempre será una relación de tipo vertical. Es decir, la función específica de la relación de apego requiere que aportemos equilibrio emocional. Cuando el niño no lo tiene porque está en proceso de aprenderlo y desarrollarlo, es mediante el acercamiento físico en primera instancia, y posteriormente la comunicación verbal y corporal, que los padres se lo brindamos. Esto ayuda a tranquilizar al niño y cubrir sus necesidades.[57] Si esta orden se invierte, traemos desequilibrio a nuestra paternidad y creamos una relación disfuncional en donde cargamos a nuestros hijos con una responsabilidad que ellos no son capaces de gestionar.

Cuando aplicamos la escucha activa, el niño pequeño recibe el mensaje: "me importa lo que tienes que decir". Registra un precedente; es decir, toma estas experiencias vividas con nosotros como referencia, y cuando llegue a la adolescencia (que es regularmente cuando a los padres nos nace una mayor necesidad de escucharlos), es más probable que nos siga contando las cosas gracias a ese historial. De lo contrario, si el precedente es que no sabemos escuchar o que no nos interesa escuchar, difícilmente podremos esperar que durante la adolescencia nos hable de lo que le pasa.

Estas tres sugerencias —buscar ocasiones, hacer las preguntas correctas y escuchar activamente— te ayudarán a fomentar la conexión padre-hijo. Recuerda, la aplicación específica de estas depende de la situación familiar que estén viviendo, de la edad y etapa de los hijos, y de su personalidad y necesidades únicas. Lo que funcionó en el pasado tal vez no siga funcionando a futuro, y lo que motivó a un hijo a hablar tal vez no tenga el mismo resultado con otro. Por eso es importante que sigas atento, alerta y comprometido con el proceso de conectarte con ellos.

Me interesa tu vida

Recuerdo en una ocasión, hace ya algunos años, fui invitada a dar una conferencia para adolescentes. Todas eran jovencitas entre 12 y 17 años. Acepté gustosa la invitación, pero cuando me llamaron para darme el tema, me dijeron que necesitaba hablar sobre las situaciones difíciles y el sufrimiento que vive una adolescente. En especial me pedían que yo hablara acerca de mis propias experiencias para que ellas conectarán conmigo.

Pasé varios días tratando de encontrar alguna historia personal para representar el sufrimiento. Gracias a Dios, crecí en una familia que me brindaba seguridad y amor, y no pasé por las experiencias tan difíciles que muchos sufren. Se acercaba la fecha de mi conferencia, y yo no tenía terminado mi tema. Al paso de los días, me sentía muy frustrada, hasta que caí en cuenta de lo que me pasaba: estaba comparando los momentos difíciles que había vivido en mi adolescencia con los momentos difíciles de mi adultez. Esa comparación hacía que yo minimizará las situaciones de la adolescencia. Me decía, "esos no eran verdaderos problemas". No recordaba que, cuando me tocó vivirlos, se sentían como el fin del mundo.

Como padres, a veces nos pasa algo similar cuando intentamos conversar y conectarnos con nuestros hijos. En vez de ponernos en su lugar y ver el mundo con sus ojos y sentimientos, los miramos a través del filtro de lo que hemos vivido y de lo que nos interesa ahora.

Por supuesto, hay momentos cuando nuestra sabiduría y experiencias pueden ayudarlos. Tampoco estoy diciendo que debamos tratar de ser niños o adolescentes de nuevo. Sin embargo, lo que más necesitan cuando abren su corazón para contarnos sus problemas no son comparaciones, críticas ni regaños. Necesitan saber que pueden contarnos todo con seguridad y confianza. Necesitan nuestra empatía, consolación, ánimo y atención. Muchas veces es lo único que ellos necesitan, o por lo menos lo principal, porque

Necesitan saber que pueden contarnos todo con seguridad y confianza.

son capaces de resolver muchos problemas por sí mismos. Solo necesitan saber que cuentan con el amor y apoyo incondicional de sus padres.

Mencionamos arriba que la escucha activa manda al niño el mensaje, "me importa lo que tienes que decir". En realidad, la meta mayor de toda nuestra comunicación con ellos tiene que ver con eso: que nuestros hijos sepan que nos interesa su vida, que son amados, vistos e importantes para nosotros. Esto los ayudará tanto en el presente como en el futuro, cuando sea tiempo de desarrollarse como adultos responsables, seguros, amorosos y dedicados.

Al comunicarnos con nuestros hijos, necesitan recibir mensajes como estos:

- Me interesan tus experiencias.
- Me interesan tus gustos.
- Me interesan tus sentimientos.
- Me interesan tus opiniones.
- Me interesa lo que a ti te interesa.

El hacer buenas preguntas y saber escuchar son parte fundamental de lograr estos objetivos. Por supuesto, "¿cómo te sientes?" o "¿cómo estás?'" son preguntas generales, cuya respuesta general ("bien") es de esperarse. La palabra "bien" no es un sentimiento, sino es un estado, y de hecho es una manera de "estar" bastante ambigua. Es mejor preguntar: *¿Necesitas descansar? ¿Qué te gustaría comer hoy? ¿Por qué crees que últimamente no te da hambre? ¿En qué puedo ayudarte? ¿Hay algo que te moleste?*

De la misma manera, podemos hacer preguntas específicas sobre sus emociones. *¿Qué importancia tiene tal cosa para ti? ¿Con qué frecuencia te preocupa? ¿Te parece un problema pequeño, mediano o grande?* Reconocer la importancia de sus preocupaciones te ayudará a guiarle, y así tu hijo puede decidir bajo tu consejo cómo afrontar mejor su situación.

Hay varias áreas específicas donde debemos poner atención como padres para comunicar el tan importante mensaje de "me interesa tu vida". Si aprendemos a responder (no reaccionar) a estos temas y situaciones con sabiduría, tendremos más oportunidades para llegar al corazón de nuestros hijos y reforzar la confianza.

1.- Emociones.

Primero, tenemos que saber cómo tratar el área emocional. Cuando nuestros hijos son pequeños, podemos brindarles lo que yo llamo el "acompañamiento emocional como una herramienta eficaz". Se trata simplemente de hablar con ellos sobre las emociones y nombrarlas. Los padres constantemente narramos o enseñamos a nuestros hijos las cosas del exterior: "¡Mira! Qué bonita la luna, ¿verdad?" O, "esto es la calle, y aquí está el paso de peatones. ¡Cuidado con los carros en la calle!" O cosas aún más prácticas: "Usa tu cuchara o tenedor para comer". Les hablamos con total confianza acerca del mundo externo, pero les contamos muy poco de lo que pasa adentro.

Es bastante importante transmitir a nuestros hijos lo que es la vida interna y la vida externa. Por ejemplo: "Esto que estás sintiendo se llama ira o enojo". O, "esto se llama tristeza". Puedes explicarles que por ambas cosas a veces lloramos; incluso hay ocasiones que lloramos cuando estamos felices.

Recuerda la importancia de validar esa emoción. Es decir, después de reconocerla, transmite mediante la aprobación que es una reacción normal y que tiene derecho a sentirla.

Tal vez puedas explicarle cómo tú también te has sentido así a veces. Una de las maneras más eficaces y prácticas por medio de la cual nuestros hijos aprenden a lidiar con su propia frustración es a través de nosotros. Esto se llama aprendizaje vicario. Exponernos es difícil, pero contrario a lo que se cree, esto no nos resta autoridad, sino que nos vuelve vulnerables con nuestros hijos; nos convierte en personas reales en vez de seres condenatorios. Esta es una forma valiosa de enseñarles que aunque manejamos sentimientos o emociones complicados o aun contradictorios, saldremos adelante juntos si sabemos gestionarlos de manera correcta.

Una vez que hayas identificado y validado sus emociones, ofréceles herramientas. Un consejo que doy a menudo es el de entrenar al corazón de nuestros hijos para ver las situaciones de modo menos dramático. Es decir, no se trata de minimizar el problema, sino de desdramatizarlo.

Por ejemplo, piensa en los famosos berrinches o rabietas que a menudo acompañan la etapa de niños pequeños. La palabra "rabieta" se deriva precisamente de una emoción: la rabia, mejor conocida como el enojo o la ira. Muchas veces la ira esconde muy bien sus motivaciones. Es decir, la ira que nuestros hijos sienten al explotar en un berrinche se deriva de algo real y válido, por tanto esta emoción es tan legítima como la alegría o la tristeza. Necesitamos, entonces, aprender a *transitar* por ella.

Cabe mencionar que esto incluye aceptar nuestra propia ira, provocada por la rabieta de nuestros hijos. Sabemos por experiencia que esto es difícil de controlar. Sentimos que su ira de alguna manera nos compromete, y por eso no queremos que hagan ese berrinche: porque nos sentimos avergonzados. Entonces, con una urgencia desmedida, exigimos que corten de inmediato y de raíz esa rabia.

Parece irónico: queriéndolos calmar, nos enojamos nosotros, y nadie se calma.

El primer error que cometemos es tratar de cortar su comportamiento sin reconocer la ira que siguen teniendo. En un intento fallido de calmarlos, buscamos evitar que sientan lo que ya claramente expresaron. Luego viene el segundo error: ¡nos subimos a la intensidad de su enojo! Los tratamos de reprimir tantas veces que termina inundándonos a nosotros también. Parece irónico, ¿verdad? Queriéndolos calmar, nos enojamos nosotros, y nadie se calma.

Tenemos que reconocer la realidad de estas emociones fuertes, tanto para nuestros hijos como para nosotros, para saber manejarlas bien. Entonces, ¿qué podemos hacer en esos momentos?

Para empezar, *observar y comprender*. Este consejo aplica para cualquier situación tensa; de esas cuando las emociones fuertes amenazan con asumir el control de nuestras palabras y acciones. El ponernos de observadores y salir de la situación nos ayudará a tomar conciencia y tener una perspectiva más amplia. La distancia es sumamente útil para acompañar las emociones.

Segundo, *tomar acciones sabias*. Recuerda, el fuego no se combate con el fuego, y no debemos subirnos a la intensidad del berrinche de nuestro hijo. Lo que necesitamos es paciencia para tranquilizarlo. Podemos empezar por hablarle con calma, explicándole que entendemos el motivo que ha causado su ira (validar el sentimiento), pero que solo será posible hablar si se calma. De esta forma podemos comunicarnos con él o ella, mirándole a los ojos, siendo firme pero no emocional, y explicarle la razón por la que no podemos hacer lo que está exigiendo. Es importante no ceder a su petición solo para detener el berrinche, ya que necesita entender que, aunque su emoción sea válida, la manera en que está realizando su petición no es correcta. Sí somos complacientes, volverá a mostrar la misma actitud negativa en otra situación similar. Sin embargo, si no nos damos por vencidos y nos mantenemos firmes, se calmará.

Al volver a casa, una vez ambos estén calmados (si es que el berrinche ocurrió fuera de casa), debemos establecer una consecuencia por su comportamiento y cumplirla. Si hay otros adultos involucrados en el cuidado o crianza de nuestros hijos, debemos ponernos de acuerdo con ellos y utilizar la misma técnica en situaciones similares. Si a nuestros hijos les está funcionando ese comportamiento negativo con otro adulto, la conducta continuará.

Los niños (y los padres) necesitan aprender a transitar por sus emociones sin dejarse llevar por ellas, y esto es lo que pasa justo en momentos de intensidad emocional como los berrinches. En vez de temerle a estos momentos o evitarlos a toda costa, podemos aprovecharlos para crecer y enseñar. Sobre todo, cuando manejamos estas situaciones críticas, demostramos a nuestros hijos que nos interesa su vida.

2.- Conversación familiar.

Otra manera (y una que es más tranquila y agradable) de demostrar nuestro interés en ellos es a través de las conversaciones en familia. Cuando les invitamos a formar parte de las pláticas familiares, se sienten más seguros y vinculados emocionalmente al hogar.

En una ocasión recuerdo que mis hijas, mi esposo y yo estábamos en casa terminando de cenar. El ambiente era agradable, y mi esposo y yo conversábamos acerca de algunos asuntos triviales de trabajo. De repente, una de nuestras hijas preguntó, "¿nosotras podemos hablar?".

La volteé a ver y le dije: "Estamos todos conversando, ¿no?".

Me respondió: "Es que solo hablan tú y papá. ¿Por qué no mejor platicamos todos juntos?".

Ni el tono de su voz ni su pregunta fueron en forma de desafío. Solo quería que de verdad todos pudiéramos conversar. Ella buscaba participar y sentirse parte, y su deseo era bueno.

Ya que como seres humanos tenemos la necesidad de pertenecer, una tarea que los padres tenemos es la de hacer sentir a nuestros hijos parte de nuestra familia. No permitas que el día se ocupe solamente con tareas y deberes, ni que las conversaciones giren siempre en torno a los planes de los padres o "cosas de papá y mamá". Involucra a tus hijos en la plática, y así mostrarás interés en su vida, sus gustos y sus opiniones. Acciones como éstas lograrán una conexión padres-hijos cada vez más fuerte.

3.- Temas fuertes.

Otra manera de demostrar que nos interesa su vida tiene que ver con cómo respondemos cuando nos hablan de temas difíciles o nos comentan cosas que podrían ser alarmantes. Aquí es importante reconocer que nuestras reacciones automáticas no siempre son buenas, y debemos pensar bien cómo responder. Los adultos muchas veces tenemos dos tendencias al escuchar alguna historia de nuestros hijos que podríamos considerar preocupante: o no le damos la importancia debida (minimizamos lo que dicen) o reaccionamos con sorpresa, desagrado y juicio inmediato (criticamos lo que dicen). Ambas tendencias tienen consecuencias significativas en nuestros hijos.

Por ejemplo, si nos están platicando acerca de alguna ruptura de amistad o de algún comentario que sus compañeros hicieron que los hirió o les hizo sentir ridiculizados, y respondemos con algo como: "esas cosas no deberían importarte", o, "no tienes que ponerte así, olvídalo y busca otros amigos", el mensaje que enviamos es que no nos importa lo que están sintiendo o —peor aún— no entendemos lo que están viviendo. Recuerda, ellos están formando precedentes. El precedente que se graba en su mente es: *la próxima vez que me suceda algo que me lastima, no debo contárselo a papá o mamá por qué no lo entenderán o no les importará.*

Por otro lado, a veces juzgamos rápidamente, y atacamos o reaccionamos ante la historia que nos están contando. Por ejemplo, tal vez nos estén hablando de algo que hicieron otros amigos o compañeros de su grupo, y nosotros interrumpimos diciendo "qué tontos" o "más vale que nunca hagas eso". Debemos ser cuidadosos en cómo respondemos; es decir, haciendo preguntas, contestando dudas y escuchando sus opiniones con respeto y sabiduría. Muchas veces se están proyectando: están midiendo y marcando un precedente de cómo reaccionaríamos si nos hablaran con la verdad. Si nuestra respuesta es muy fuerte o cerrada, sabrán que confiar en papá o mamá no es una opción segura para ellos.

Solo vamos a poder aportar ayuda si primero sabemos escuchar, y solo nos van a platicar sus luchas si nos tienen confianza. Hay un versículo en la Biblia que es el consejo perfecto para los padres cuando estamos hablando con nuestros hijos de temas difíciles: "...ser rápidos para escuchar, lentos para hablar y lentos para enojarse" (Santiago 1:19). La primera parte de este consejo habla de la escucha activa y la segunda habla de controlar las emociones. Con respecto a las conversaciones difíciles con los hijos (y, en realidad, con todos), son dos lados de la misma moneda. Imagínete si esto se aplicara en cada familia, si tanto padres como hijos tomáramos este consejo, qué resultados tan increíbles tendríamos.

4.- Gustos.

Una de las mejores estrategias que podemos tener como padres de adolescentes es entrar a su mundo. Esto significa algo de trabajo, por supuesto, porque los gustos de un niño o joven suelen ser diferentes a los de un adulto. No podemos ser ajenos a sus gustos solo por comodidad.

Afortunadamente, al igual que los adolescentes, los padres podemos ponernos al día con solo un clic: información acerca de música, YouTube, influencers, aficionados de deporte, videojuegos y cualquier otro gusto está disponible si estamos dispuestos a investigar y aprender. No solo te pongas al día, sino trata de aceptar y disfrutar de los gustos de tus hijos. Encuentra el lado positivo para que puedas hablar el mismo idioma que ellos y sus amigos.

No estoy hablando de reemplazar a sus amigos o de perder tu lugar como figura de autoridad. Los padres no son los mejores amigos de sus hijos: Si así fuera, entonces estaríamos dejando a nuestros hijos huérfanos. Como figuras paternas es necesario y sano que esa jerarquía se respete. Lo que estoy diciendo es que utilices sus gustos como un punto de conexión, que es lo que estamos buscando con la comunicación. No pierdes nada con entrar a su mundo por un rato. Por el contrario, vas a aprender cosas nuevas y volverás a experimentar vivencias que habías olvidado. Y, en el proceso, vas a fortalecer el vínculo de amor con tus hijos.

5.- Temas "tabú".

Hay demasiados temas que en ocasiones los padres no abordamos con nuestros hijos porque nos parecen incómodos. La pregunta que siempre hago a otros padres es: "¿Incómodo para quién?". Te invito a que no los evites. Al contrario, trata de ser primero en dar información. Si nuestros hijos tienen una duda, buscarán información y opiniones en otro lado. Tu silencio no apagará su curiosidad.

Lo que recomiendo es que vayamos preguntando, ¿qué sabes acerca de esto? ¿Cómo piensas que se hacen los bebés? ¿Cómo llegan a la pancita de mamá? Si son temas más profundos que te rebasan, como suele pasar con los adolescentes, investiga primero acerca del término o el tema y comienza la conversación desde el conocimiento que tus hijos ya tienen.

Cabe mencionar que un tema tabú conversado por primera vez y de frente pocas veces funciona. Por ejemplo: "Hoy vamos a hablar de las relaciones sexuales". La idea del padre o la madre sentados frente a frente de uno de sus hijos explicando temas sexuales no es algo real. Considero que eso sí resultaría incómodo. Insisto, lo mejor es indagar desde el conocimiento previo de nuestros hijos. Si ellos hacen la pregunta, ya tienes una pauta a seguir. Puedes contestar lo que se te está preguntando.

Otro consejo: ¡relájate! Si estás tenso, terminarás hablando de menos o de más, y el mensaje del tema será como algo que debe esconderse. No hay por qué tenerles miedo a los temas incómodos. Eres el más indicado para hablar de esto con tus hijos.

Por supuesto, existen muchas más maneras y áreas en donde podemos reforzar el mensaje, "me interesa tu vida". Si ponemos atención a las conversaciones y situaciones cotidianas de la familia, prácticamente todo lo que sucede o cualquier pregunta que nos hagan podría ser una oportunidad perfecta para reforzar nuestra conexión.

Cabe mencionar que tener una conexión auténtica con tus hijos no quiere decir que tienes que saber todo, hacer todo, arreglar todo. Si tu hijo te dice algo muy fuerte o difícil, lo primero que debes de hacer es mostrarle amor y aceptación. Normalmente no es necesario (ni posible) arreglar la situación inmedatamente o dar una respuesta definitiva en el momento. Tu apoyo sabio y compasivo pone el fundamento para tomar los pasos siguientes, incluyendo, en su caso, el respaldo y consejo de otras personas, como profesionales o expertos en los áreas correspondientes.

Tu apoyo sabio y compasivo pone el fundamento para tomar los pasos siguientes.

En resumen, no necesitas un esfuerzo sobrenatural o una inteligencia nivel Einstein para comunicarte con tus hijos. Lo que necesitas, ya lo tienes: un corazón lleno de amor, una mente capaz de aprender y tiempo para pasarlo con ellos. Lo demás, lo irás aprendiendo sobre la marcha si estás dispuesto.

Recuerda, los hijos nacen con un deseo natural de conectar con sus padres. Aun si tus hijos ya han crecido, estoy segura de que en su corazón ese deseo permanece intacto. Nunca es demasiado tarde para aprender a hablar con ellos. La conexión padres-hijos es un regalo, y vale la pena invertir en ella.

10. La disciplina redefinida y mejor aplicada

*Dime y me olvido, enséñame y podré recordar,
involúcrame y aprendo.*

—Benjamin Franklin

E ran las 12 del día, y mi bebé de ocho meses estaba dormida en mis brazos. Me preguntaba cómo es que el tiempo había transcurrido tan rápido. Mi mañana había terminado y aún algunas tareas del hogar me esperaban: ese trabajo en casa que parece nunca terminar.

Pensé en llevarla a su cuna para que siguiera durmiendo su siesta, pero ya había dormido 40 minutos, así que consideré que era arriesgado. Estaba segura de que se despertaría al momento en que la dejara sobre su colchón. Me reprochaba mentalmente por no haberla dejado en su cuna para dormir la siesta como normalmente lo hacía desde que establecí su rutina, pero la realidad es que también disfrutaba mucho tenerla abrazada sobre mi pecho.

Por fin, acomodé todo para dejarla dormir en mi cama. Sabía que no debía hacerlo —ya muchas personas me habían advertido acerca de esto— pero sería solo por un ratito, pensé. Construí un muro de almohadas alrededor suyo, y me dispuse a salir de la recámara de puntillas.

Tal vez ya te imaginaste lo que sucedió después. Mi bebé en algún momento se despertó, y lo primero que hizo fue escalar las almohadas y comenzar a gatear. Afortunadamente yo estaba regresando a mi recámara justo en ese momento, y la vi avanzando con todas sus ganas a la orilla de la cama. A una velocidad casi extrahumana, llegué a ella al preciso segundo que estaba por caer de cabeza al suelo. La tomé en mis brazos y la apreté, casi llorando, mi corazón palpitando a mil por hora.

Hasta la fecha, recuerdo la sensación de temor cuando vi que estaba por caer, pero también recuerdo otra cosa: el sentimiento de alivio que experimenté cuando evité que algo horrible le sucediera. ¿Te ha pasado algo similar, cuando interviniste para proteger la vida o integridad física de tus hijos ante algún peligro? Puedo pensar en varios momentos así, incluso una vez cuando vi el brazo de mi esposo alargarse al máximo para evitar que una de nuestras niñas de dos años fuera atropellada por un vehículo.

Todos los padres podemos recordar ocasiones cuando algo les pudo haber pasado a nuestros hijos. Son historias aterradoras que terminan con frases como, "si yo no hubiera estado cerca" o "gracias a Dios que lo encontré a tiempo", entre otras más.

Lo que "pudo haber pasado" nos da escalofrío si lo pensamos, pero quiero que te centres en el sentimiento positivo, en la sensación de alivio que experimentaste cuando te regresó el alma al cuerpo, un alivio que se convirtió en alegría mientras abrazabas a tu hija o hijo. ¿Puedes sentirlo en este momento? Recuerda esa emoción, valídala, celébrala, porque en aquel momento, estabas desarrollando el rol primordial de la paternidad: preservar la vida y bienestar de tus hijos.

Ese sentimiento de descanso interior, ese alivio, es el resultado de haber desempeñado tu función de protector y guardián. Interrumpiste una acción peligrosa de tus hijos, o los defendiste de algún agresor, o los detuviste justo cuando estaban por lastimarse a sí mismos o a alguien más. Identificaste algún peligro y tomaste acción para el bienestar de tus hijos. En resumen, tomaste la iniciativa para intervenir en la vida de tus hijos por su propio bien. Felicidades, pero ¡apenas comienza el trabajo!

Intervenciones que salvan la vida

Ahora, quiero que apliques estos conceptos de protección y cuidado a un tema que a menudo definimos de manera negativa: la disciplina. Te invito a que veas la disciplina como un acto positivo, una acción de defender, cuidar, servir, proteger, guardar, acoger y abrazar.

Estamos acostumbrados a pensar en la disciplina como algo desagradable o negativo. Muchas veces el término nos produce sentimientos de tristeza o culpabilidad porque imaginamos a un papá castigando a sus hijos con gritos o aun golpes; o pensamos en una mamá ejerciendo un control autoritario para que los niños cumplan con sus demandas.

Quiero que borres de tu mente esa definición de la disciplina, y que la reemplaces por ese sentimiento de alivio de haber protegido y servido a tus hijos. Del mismo modo que hacemos hasta lo imposible por defender la integridad física de nuestros bebés, también debemos esforzarnos para proteger su bienestar en otras áreas mientras crecen: la emocional, moral, académica, social, física, económica, etc.

Un proverbio sabio que encontramos en la Biblia dice: "Disciplina a tus hijos mientras haya esperanza; de lo contrario, arruinarás sus vidas" (Proverbios 19:18). Se escucha fuerte, pero es real. Nuestra intervención en su desarrollo y en sus decisiones desde temprana edad es algo *positivo*, y es nuestro *deber*. Puede ser la diferencia entre hijos exitosos y maduros e hijos descarriados y naufragados.

He encontrado en mis conversaciones con padres la tendencia preocupante de abandonar o ignorar su rol en la disciplina de los hijos. En algunos casos, es porque fueron castigados severamente cuando niños y no quieren repetir ese error con sus propios hijos. En otros, están muy ocupados y no sienten la urgencia de conectarse con sus hijos o involucrarse en sus decisiones; se contentan con que les "dejan en paz", que no se metan en problemas o que saquen buenas calificaciones, sin darse cuenta de su sufrimiento interno. Otros padres abandonan su papel por egoísmo o comodidad: no quieren molestar o enfadar a sus hijos, prefiriendo ser sus amigos que sus padres. Otros lo hacen por ignorancia, pues no saben qué es la disciplina o cómo llevarla a cabo de manera sana y eficaz.

Considero la falta de disciplina una disfunción en la paternidad porque nuestros hijos necesitan nuestra intervención. Estamos aquí no solamente para amarlos sino también para cuidarlos. Recuerda, como vimos antes, su cerebro todavía está madurando. Aunque tengan 12, 15 ó 18 años, todavía nos necesitan. Probablemente no para rescatarlos de una caída de la cama, pero sí para ayudarlos a ver las consecuencias de las decisiones que toman, los hábitos que están formando y los amigos que les influyen. Es un tema de vida o muerte, y tenemos que ser valientes y sabios para desempeñar nuestro rol.

Por eso te pedí imaginar lo que sentiste cuando evitaste algún daño físico a tus pequeños: porque sentirás el mismo alivio, descanso y alegría después de intervenir en que no tomen acciones o decisiones peligrosas más adelante. No es fácil ni agradable en el momento, pero el resultado sí lo es, principalmente para ellos, pero también para nosotros, sus padres. Otro proverbio nos dice esto: "Disciplina a tus hijos, y te darán tranquilidad de espíritu y alegrarán tu corazón" (Proverbios 29:17). Es decir, el esfuerzo que hagamos hoy para formarlos y encaminarlos producirá un descanso profundo cuando sean grandes.

Ahora, antes de continuar, quiero recordarte que no podemos *controlar* a nuestros hijos ni todo su entorno. Somos seres humanos, finitos y limitados, y no podemos garantizar que todo saldrá bien. Además, ellos tomarán sus propias decisiones, y a veces harán cosas o les pasarán cosas que no hubiéramos escogido para ellos. Esto lo digo por dos razones. La primera: si en algún momento no pudiste proteger a tus hijos y sufrieron algún daño, necesitas soltar la culpabilidad. Como padre o madre, haces lo mejor posible, pero tienes muchas limitantes. Debes saber mostrarte compasión y gracia. La segunda: no quiero que mires al futuro con un temor desbordante o que sientas que eres la única persona responsable de sus vidas. Como vimos anteriormente, el temor es una pésima motivación. La disciplina debe ser motivada por el amor, no por el miedo.

Nuestras acciones e intervenciones tienen la finalidad de protegerlos, de preservar su vida y cuidar su integridad física y emocional. Lo que nos motiva, como ya dije, es esa palabra de cuatro letras: *amor*. Por eso la disciplina es a veces conocida como el lado difícil del amor. Disciplinar no es fácil, pero es necesario, y es un reflejo del amor de mamá o papá. Cada vez que te preguntes por qué disciplinas, la respuesta debe ser: "porque amo a mis hijos".

¿Qué significa disciplinar?

Una vez que estamos convencidos de que la disciplina es importante, generalmente queremos brincar inmediatamente a la pregunta, ¿*cómo* disciplino? Por eso somos atraídos a cursos, artículos o anuncios con títulos como: "Tres pasos para acabar con los berrinches", "cómo lograr que tu hijo te obedezca a la primera", o "cómo acabar con la rebeldía de tu adolescente".

Cuando entramos al link o compramos el libro, sin embargo, y luego tratamos de aplicar el consejo, muchas veces nos ocurre una de tres cosas. Una, a veces nos decepcionamos porque las recomendaciones son prácticamente inalcanzables (escritas a veces por terapeutas que ni tienen hijos y todo lo ven con idealismo). Dos, a veces aplicamos el consejo y funciona en un par de ocasiones nada más porque consiste en soluciones superficiales, y terminamos frustrados, sintiendo que avanzamos tres pasos solo para retroceder cuatro. Tres, a veces aplicamos el consejo y no funciona para nada, por lo menos no en nuestro caso específico, ya que son generalizaciones bonitas, pero nosotros y nuestros hijos somos personas únicas.

Como vimos en el capítulo anterior cuando hablamos de comunicación, no podemos empezar con el cómo, sino que necesitamos hacernos otras preguntas primero. Por eso muchos consejos "prácticos" no funcionan: los queremos aplicar tal cual, como una receta para preparar espagueti o un instructivo para cambiar la llanta ponchada, pero ignoramos las motivaciones, temores y filosofías que yacen detrás.

No te desesperes: prometo que llegaremos al cómo. Pero quiero empezar con el *qué*, el *por qué* y el *para qué*.

Respecto al "qué", el diccionario Oxford define "disciplina" como el "conjunto de reglas o normas cuyo cumplimiento de manera constante conducen a cierto resultado".[58] Es decir, una persona disciplinada es alguien que continuamente sigue ciertas reglas para obtener un resultado deseado. Tiene la capacidad interna de vivir con sabiduría y dominio propio. Como puedes ver, esto es algo positivo. Una persona disciplinada disfrutará de resultados que una persona no disciplinada perderá.

Entonces, ¿qué es disciplinar? Es el verbo que corresponde al sustantivo disciplina, y yo lo defino así: *enseñar, instruir y guiar a una persona para que desarrolle rigor interno*. Como padres, disciplinar habla de formar a nuestros hijos, de instalar valores en ellos, de ayudarlos a desarrollar la capacidad interna de escoger caminos correctos por sí mismos.

Quiero que tomes nota de lo que la disciplina *no* es: castigar, gritar, golpear, insultar, hacer llorar, desquitarse o abusar. Por supuesto, el proceso de disciplinar puede incluir instantes de corrección, de consecuencias, incluso de lágrimas (¡mas *no* de golpes o insultos!); pero en sí, estas cosas no son el acto de disciplinar. Si nos confundimos con esto, podemos llegar a pensar que disciplinar es el simple hecho de hacer que nuestros hijos "sufran" o "paguen" por algo que hicieron.

Si no hay un cambio interno, no hemos realmente disciplinado.

Las investigaciones demuestran que los golpes y el abuso verbal no son formas efectivas de disciplina a largo plazo y están asociados con problemas de salud mental y física en niños y adolescentes.[59] Este tipo de disciplina puede crear cambios externos a corto plazo, pero si no hay un cambio interno, no hemos realmente disciplinado. Por eso muchos juran nunca disciplinar a sus hijos de la manera en que ellos mismos fueron disciplinados de niños, justamente porque saben que el dolor no les ayudó; más bien les perjudicó.

Recuerda, la disciplina *buena* es beneficiosa. No descartes toda disciplina solamente porque viviste una versión mala que, al final de cuentas, no fue "disciplina", ya que no te formó ni te sirvió. En lugar de disciplinar con golpes, amenazas, insultos, verguenza y humillaciones, la mejor disciplina se enfoca en establecer límites, reforzar positivamente el buen comportamiento, redirigir y definir las expectativas futuras a seguir.[60]

Ahora bien, ¿educar y disciplinar son lo mismo? No, y es importante distinguirlos. Educar significa "desarrollar las facultades intelectuales, morales y afectivas de una persona de acuerdo con la cultura y las normas de convivencia de la sociedad a la que pertenece".[61] Educar es un paso importante hacia la disciplina, pero no la reemplaza. Más bien, trabajan de la mano. ¿Cómo es eso?

Primero, definimos y decidimos aquello que será preciso desarrollar intelectual, espiritual y moralmente en nuestros hijos. Es decir, establecemos el tipo de educación que queremos.

Segundo, los disciplinamos en la práctica de dicha educación. Entonces la disciplina empieza por instruir, como definimos arriba, pero va más allá; ya que es la práctica constante de un sistema de valores establecidos. Se trata de criar, de guiar, de corregir, de formar. Busca *internalizar* la educación, creando así la autodisciplina y el autodominio en los hijos, lo cual les prepara para los retos y decisiones que enfrentarán a futuro.

Disciplina externa vs. interna

Como acabamos de afirmar, "disciplinar" (como verbo) tiene como meta establecer una disciplina interna, la cual consiste en seguir una serie de reglas con constancia para lograr un objetivo. Las reglas y los métodos que usamos para lograr esto cambiarán a medida que los niños se desarrollen y sus funciones cognitivas, emocionales, sociales y físicas aumenten y mejoren con el tiempo. Por lo tanto, la disciplina efectiva es una extensión de la comprensión de la etapa y el proceso de desarrollo de cada niño.[62]

Como padres, ¿cómo logramos que la disciplina se internalice en nuestros hijos? Es decir, ¿cómo disciplinamos de tal manera que nuestras palabras y acciones se conviertan en disciplinas propias de ellos? No podemos moldearlos internamente porque —por supuesto— no estamos dentro de su mente ni corazón. Somos una voz en sus oídos y nuestra influencia es únicamente externa.

Por eso, muchas veces, los padres optamos por una corrección externa nada más. Parece imposible, o por lo menos muy difícil, lograr un cambio interno, entonces nos contentamos con modificar su comportamiento. Nos felicitamos cuando dejan de hacer berrinche, o no nos gritan, o recogen sus juguetes, o entregan sus tareas. Pero no nos preguntamos si de verdad se logró una disciplina interna o si simplemente están cumpliendo con nuestras demandas para evitar algún castigo. El problema con esto es que un cambio externo es superficial y por consecuencia *limitado* y *temporal*.

Para entender mejor la diferencia entre una disciplina externa y una interna, veamos a más detalle cada una. Aquí lo que estamos analizando es el porqué de la disciplina. ¿Cuál es el motivante detrás de las acciones de nuestros hijos, o bien de nosotros mismos?

1.- Método de disciplina externo.

Cuando la disciplina es externa, quiere decir que el ambiente controla su comportamiento. Esto puede ser a base de premios o recompensas, o puede ser por medio de sanciones y castigos. El resultado de este tipo de control externo es que, a la larga, los niños brindarán gran importancia al poder. Además, muchas veces desarrollan intranquilidad, angustia, preocupación, ingratitud y temor. La lógica que internalizan es: "No voy a golpear a mi hermana porque si me porto bien me van a comprar algo", o "voy a terminar mi tarea para que mamá no me grite o regañe".

La disciplina exterior tiene su fundamento en el temor o en una ganancia secundaria. Pierde eficacia cuando los niños llegan a la adolescencia o a la adultez porque comienzan a ser más independientes de sus padres y por lo tanto capaces de evitar el castigo o procurar el premio por sí mismos. El resultado de una disciplina que nunca va más allá de solo evitar un castigo o adquirir un premio tiende a consistir en adultos con ciertas características negativas.

- *Su comportamiento suele cambiar cuando nadie los ve.* A menudo, los niños que crecen con este tipo de corrección aprenden a mentir, porque al final del día solo deben tener cuidado de no ser vistos o descubiertos. Crecen siempre cuidándose de no hacer algo considerado malo para sus padres, pero no necesariamente desarrollan una convicción de que es realmente algo perjudicial para ellos o para los demás. A la primera oportunidad que tienen de "libertad", tienden a actuar en contra de lo antes exigido porque el valor no fue enseñado o explicado, sino impuesto. A menudo viven de apariencias, y pueden ser propensos a vivir una vida de doble moral, ya que crecen viendo a padres autoritarios sin verdadera autoridad.

- *Generalmente esperan una recompensa por su comportamiento o esfuerzo.* Los hijos criados así muchas veces no saben tomar responsabilidad ni actuar por sí mismos. Suelen esperar recompensas por todo y pensar que la sociedad les debe algo. Puede que les cueste trabajo hacer un favor sin esperar algo a cambio. También les puede resultar difícil sobresalir en el colegio, dirigir una empresa o mantenerse como pieza clave en un trabajo porque les parece agotador hacer el trabajo extra necesario para ser extraordinario en cualquier cosa.

- *Frecuentemente tienen baja autoestima e ingratitud.* Los niños que crecen solo con disciplina externa tienden a ser inseguros porque creen que su aceptación y valor están condicionados a su comportamiento, por lo que nunca están garantizados. Todo es condicional. Además, no desarrollan el valor de la gratitud porque tienen que ganárselo todo: el hacer o no hacer algo les da como resultado obtener su recompensa, por lo tanto, lo que se les otorga no es porque se les ame, sino porque se lo merecen.

Respecto a este último punto, cuando los padres continuamente premiamos las buenas acciones con regalos, postres, salidas, etc., condicionamos el amor. El mensaje para el niño es: "Si haces lo que quiero y evitas lo que no, te acepto y te recompenso con las cosas que quieres; pero si te equivocas, recibirás rechazo". Otra forma en que podemos llamarlo es amor condicionado.

Esto es fuerte pero real. Aunque los padres creemos que estamos actuando de manera sabia y sana, a veces comunicamos mensajes y valores contradictorios. Por eso es tan importante analizar nuestra disciplina y corrección para ver si realmente estamos logrando cambios internos, y no solamente externos.

2.- Método de disciplina interna.

Cuando la disciplina es interna, el niño autorregula su conducta porque tiene valores firmes. Esto pasa porque los padres explican, modelan y afirman estos valores hasta que los haya comprendido de manera real y personal. No solamente esto, sino que el niño recibe un trato de amor, amabilidad y respeto, junto con una comunicación abierta, durante el proceso; lo cual permite un aprendizaje seguro y produce una autoestima sana.

De esta manera, el niño se vuelve consciente de lo que es bueno para él o ella. "No voy a ingerir alimentos con demasiado azúcar porque no son buenos para mi salud", "no voy a ingerir alcohol o drogas porque pueden destruir mi vida", "voy a terminar mi tarea porque sé que es bueno para mi aprendizaje, mi carrera y mi futuro".

La meta de la corrección interna, como establecimos, consiste en lograr que nuestra hija o hijo adquiera autodisciplina. Esto lo vamos sembrando en su corazón a través del proceso de construcción de normas familiares y sus aplicaciones. Ahondaremos en este tema en el capítulo siguiente, junto con ejemplos específicos de cómo interiorizar los valores de la familia. Es así como el niño va aprendiendo y absorbiendo los valores hasta convertirlos en convicciones propias. Conforme vive las aplicaciones cotidianas, estas normas cobran sentido en su vida.

Con el paso del tiempo, encuentra la motivación y el aliento necesarios para mantenerse firme en sus valores, creencias y convicciones. Poco a poco obtiene certeza de lo que es bueno para él o ella. Encuentra satisfacción en respetarse a sí mismo y reconoce y acepta los límites porque le permiten mantenerse seguro.

Una vez que el niño los interioriza, es natural exteriorizarlos porque vive de acuerdo con lo que cree. A diferencia de la disciplina externa, el comportamiento de una persona con disciplina interna refleja sus valores, no las amenazas que teme o los premios que anhela. Obra de la misma manera siempre, aunque no lo vean ni lo recompensen. Es responsable por sus acciones, sin creer que su aceptación o valor dependa de ellas. Tiene una sana autoestima y un estilo de vida de seguridad y generosidad.

Ahora, como puedes ver, hay una gran diferencia entre la disciplina externa y la interna. La externa se preocupa por el comportamiento; la interna por el corazón. La externa está obsesionada con apariencias; la interna se enfoca en el entendimiento. La externa busca resultados a corto plazo; la interna piensa a largo plazo.

Analiza por unos momentos tu forma de tratar a tus hijos. ¿Has confundido la disciplina externa con la interna? ¿Hay áreas en donde te has rendido en la disciplina, contentándote con un cambio de conducta cuando sabes que por dentro tu hijo o hija no ha entendido el valor que quieres transmitirle? No estoy aquí para condenarte. Todos los padres sabemos lo difícil y tardado que es lograr una transformación interna.

Solo te diré esto: ¡no te rindas! Esto no se logra en un día, y tampoco se pierde en un día. Todavía hay tiempo para conectarte con el corazón de tus hijos. Como ya hemos visto, tú eres el más indicado para hacerlo. Los amas, los conoces y los ves. ¿Quién mejor que tú para invertir en su vida y futuro?

¿Por qué y para qué disciplinar?

Ya hablamos del "qué"; ahora queremos investigar un poco más el "por qué" y "para qué" de la disciplina. Las motivaciones detrás de disciplinar a nuestros hijos son importantes y diversas.

Las investigaciones demuestran que los padres cuyos hijos se portan mal en público a menudo sienten culpa y vergüenza por el hecho de que no pueden controlar a sus hijos de manera efectiva. Pueden sentir la necesidad de mostrar a los demás que también desaprueban, disciplinando a sus hijos con más dureza de lo habitual por el bien de las apariencias.[63] Por eso es importante considerar las motivaciones positivas detrás de la disciplina; tal conciencia informará tus acciones y te ayudará a disciplinar por las razones correctas.

A lo largo de los últimos 20 años de trabajo, he preguntado a muchos padres las razones por las cuales buscan disciplinar. Les invito a que reflexionen sobre las motivaciones detrás de sus acciones. A continuación, menciono las respuestas más comunes. Seguramente verás reflejadas aquí algunas metas tuyas, ya que son razones importantes para instruir y disciplinar a nuestros hijos.

1.- Para protegerlos del peligro.

Esta respuesta encabeza la lista, y con buena razón. Ya vimos que nuestro rol como padres incluye ver por el bienestar y la integridad física y emocional de nuestros hijos.

La primera vez que los padres disciplinamos es cuando nuestros hijos son bebés. Lo hacemos cuando ponemos límites a través de corrales, puertas para proteger las escaleras, esquinas de goma para mesas de vidrio, cerraduras para los cajones de la cocina, protectores para los enchufes de la corriente eléctrica, y la lista sigue. Al hacer estas cosas, estamos "estorbando" su libertad, desde su punto de vista, pero entendemos que es para su propio bien —aunque ellos no lo sepan en el momento.

Durante la infancia y la adolescencia, seguimos en el rol de protectores. Cada etapa es distinta: desarrollan madurez, disfrutan de cada vez más libertad y enfrentan nuevos peligros. No dejamos de protegerlos, solamente cambiamos las estrategias. Ya no usamos corrales o protecciones de goma, sino nuestras palabras, la lógica, nuestro ejemplo, las reglas y las consecuencias. Todo con la finalidad de ayudarlos a crecer sin morir en el intento (metafórica o literalmente).

2.- Para enseñarles a distinguir entre el bien y el mal.

Los padres somos proveedores para nuestros hijos. Algunas connotaciones de la palabra proveer son dar, proporcionar, equipar y solventar. Muchos padres caen en el error de creer que proveer solo se trata del sustento económico, pero en realidad los padres también tenemos la responsabilidad de proveer dirección, sustento emocional, información y contexto para que nuestros hijos aprendan a discernir entre el bien y el mal.

Si nosotros no somos intencionales en establecer esto a temprana edad, estaremos permitiendo que nuestros hijos crezcan expuestos ante una sociedad carente de valores; una sociedad que establecerá fundamentos erróneos en su mente y corazón. De lo contrario, si les ayudamos a elegir el bien y rechazar el mal, más tarde estas acciones se convertirán en sus propias convicciones.

3.- Para ayudarlos a ser miembros responsables de la sociedad.

Nosotros amamos a nuestros hijos tal y como son por la sencilla razón de ser nuestros hijos. Podemos sentir enojo cuando son desobedientes, o tristeza cuando no responden como esperábamos, o aun vergüenza cuando sus acciones lastiman a otros; pero nada de lo anterior hace que nuestro amor por ellos cambie. Sin embargo, la sociedad en general no ama a nuestros hijos con amor incondicional. El resto del mundo espera que actúen con respeto hacia las otras personas, que sigan las normas de la ley, que tengan buenos modales y que sepan ser buenos ciudadanos.

Las faltas sociales que nuestros hijos cometan traerán consecuencias, entonces también enseñamos y formamos a nuestros hijos para que ocupen su lugar en la sociedad. Es decir, para que puedan encajar de manera sana en las comunidades y grupos donde estén: escuela, trabajo, iglesia, vecindario, etc. Por ejemplo, un acto desobediente traerá una consecuencia relativamente leve en nuestra casa, pero un acto desobediente ante la autoridad escolar acarreará un reporte o una mala nota. En el trabajo, podría resultar en un despido. Ante el gobierno, podría terminar en la cárcel. Para evitar consecuencias peores cuando crezcan, les enseñamos estos valores en casa.

No hablo aquí de conformismo ni de perder su individualidad, sino de saber interactuar con otros, de tener respeto mutuo, de contribuir al mundo y de trabajar en equipo. Por amor a nuestros hijos, los padres debemos establecer límites para que sepan formar parte de la sociedad y la cultura, evitando consecuencias innecesarias y contribuyendo al bienestar de los grupos donde pertenezcan.

4.- Para desarrollar en ellos cualidades y valores importantes.

A menudo hago la siguiente pregunta a los padres que vienen a mis clases o terapias: "¿Qué clase de hijo quieres tener?". Para muchos padres, es difícil responder a esta pregunta, mientras que otros dan respuestas generales: "que sean hombres o mujeres de bien", "que no tengan vicios", "que sean obedientes", etc.

Entonces, para ayudarles a expresar mejor sus ideas, hago una pregunta directa: "¿Qué cualidades te gustaría que tus hijos tuvieran?". Es ahí donde me doy cuenta de lo difícil que es para muchos padres verbalizar sus buenos deseos.

¿Tú sabrías cómo contestar? Te invito a realizar un ejercicio que también hago con los padres. En una hoja en blanco, contesta la siguiente pregunta: ¿Cómo visualizo la vida de mis hijos en 15, 20 ó 25 años? Haz una lista escrita de metas o deseos específicos que imaginas para tus hijos. En mi experiencia, las respuestas que comúnmente leo son las siguientes: que sea un profesionista, que sea emprendedor, que sea ciudadano responsable, que sea padre o madre de familia, que sirva a Dios, entre otras.

Ahora, el siguiente paso: escribe debajo de cada meta una lista de valores que se requieren para alcanzar tales metas. Por ejemplo, si deseas que tus hijos tengan una carrera, necesitarás forjar en ellos hábitos de estudio: enseñar la importancia de ser responsable con las tareas y entregar trabajos en tiempo y forma, por mencionar lo más básico. Si visualizas a tus hijos siendo emprendedores, será preciso ayudarlos a desarrollar su creatividad y formar su ética de trabajo y disciplina, así como a poner atención en su educación financiera.

Con los valores ya establecidos, ahora escribe las acciones que como padre debes tomar para ayudar a tus hijos a lograr dichas metas. Lo anterior está relacionado con ser intencional al exponerlos a situaciones en las que puedan desarrollar dichos valores. Recuerda también que la mejor manera de enseñar algo es con tu ejemplo diario. A través de este ejercicio, puedes definir pasos tangibles y específicos que ayudarán a tus hijos a formar las cualidades y valores que serán importantes para su futuro. Estos pasos son parte de la disciplina, ya que se convertirán en convicciones personales y crearán un rigor interno en ellos.

Estos cuatro puntos —protegerlos del peligro, enseñarles el bien, ayudarlos a ser responsables y desarrollar buenas cualidades y valores— ilustran la importancia de la disciplina. Claro, no es fácil, y a veces es incómodo o doloroso. Sin embargo, si pensamos en el bienestar de nuestros hijos, y nos dejamos motivar por el amor, veremos tanto el valor como la urgencia de nuestra intervención en sus vidas.

Tal vez no lo van a entender completamente hoy, pero hablo por experiencia cuando te digo que sí lo aprecian de alguna manera, y el día de mañana lo van a apreciar más aún. Tu constancia en sus vidas les hace sentir seguros, vistos, queridos, protegidos.

Es hora de reimaginar y redefinir la disciplina. Es tiempo de desempeñar tu papel de mentor, protector, guía, padre, madre. Más pronto de lo que piensas, te lo van a agradecer.

11. Valores, normas y consecuencias: estrategias prácticas para la disciplina

Es más fácil construir niños fuertes que reparar hombres rotos.
—Frederick Douglass

Cuando mis hijas tenían siete, cinco y tres años de edad, decidí llevarlas a un parque de diversiones que se llama Legoland, en San Diego. Vivimos en frontera, y el parque está a una distancia en auto de casi dos horas más el tiempo necesario para cruzar la frontera. Por supuesto estaban muy felices porque les encanta cualquier lugar así. Finalmente llegó el día tan esperado, y salimos temprano de la casa rumbo a Legoland.

Al principio, emanaban de los asientos de atrás puras risas y alegría. Sin embargo, esto pronto se sustituyó por pleitos y discusiones: "ella me miró feo" y "ella me tocó" y "ella no me presta el juguete". Si tienes hijos pequeños, ya sabes cómo es esto. Cabe mencionar que antes de salir de la casa, les había advertido que el camino era largo y tenían que comportarse. No era la primera vez que hacíamos este viaje, y todas me habían prometido que no iban a pelear ni quejarse. Después de unos momentos de pleitos, entonces, les recordé del acuerdo que habíamos hecho. "Si quieren ir a Legoland, no pueden estar peleando o discutiendo", les dije. "De lo contrario, vamos a tener que regresarnos a casa".

Apenas estábamos en la fila interminable para cruzar la frontera cuando empezaron los pleitos de nuevo. Ahora les puse un límite firme: "Si no cambian, no vamos a ir a Legoland. Hablo en serio. Regresaremos a casa". Pidieron disculpas y prometieron que iban a cambiar. Y por un ratito, cumplieron con su promesa.

Cuando salimos de la fila, fuimos a McDonald's a desayunar y a estirarnos un poco. Las niñas desayunaron y jugaron, y estaban felices. Luego nos subimos al carro y volvimos a manejar. Todavía faltaba casi hora y media. Dentro de poco tiempo, estaban peleando y quejándose de nuevo. Les volví a llamar la atención y les hablé de nuestros valores: en esta familia, somos agradecidos, les insistí. Les recordé de la importancia de amarse, de respetar, de asegurar que el tiempo fuera disfrutable para todos y de no distraer a su pobre mamá mientras manejaba. Y por tercera vez, les dije muy en serio que si volvían a pelear, nos regresaríamos.

No las logré cambiar. Aunque prometieron cambiar, en cuestión de minutos ya estaban actuando peor que nunca. Hubo incluso contacto físico: se pegaron, si recuerdo bien, y alguien pellizcó o jaló el cabello de otra. Ya era demasiado. Era obvio que no estaban aprendiendo con regaños o enseñanza.

Para este momento, estábamos tomando la salida de la carretera para entrar al parque. A mano derecha se veía el letrero enorme: LEGOLAND. Sin embargo, me fui a la izquierda y volví a subirme a la carretera, ahora hacía el sur. Mi hija mayor fue la que se dio cuenta: "Mamá, ¿a dónde vamos? Legoland está allá atrás".

"Lo siento, hijas", le dije. "Ya no vamos a Legoland. Vamos a regresar a casa porque no cumplieron con el acuerdo que hicimos".

Como te puedes imaginar, lloraron todo el camino de regreso a casa. Para mí fue muy duro también, por supuesto. Con todo mi corazón quería verlas felices. Sin embargo, entendía que en este momento tenía que cumplir con mi palabra. No por orgullo o coraje, sino para su propio bien, para que entendieran la importancia no solamente de su comportamiento sino de cumplir con su palabra, de respetar a sus hermanas, de la gratitud, y de los demás valores que habíamos platicado.

Confieso que me siento hasta nerviosa al escribir esta historia, porque sé que parece dura y drástica. Pero ¿sabes algo? Fue un momento parteaguas para mis hijas y para mí. Marcó un claro antes y después. Se dieron cuenta que estaban viviendo las consecuencias de sus propias acciones, lo cual ha sido una lección clara e importante que les ha ayudado en incontables ocasiones a entrar en razón y medir sus acciones. Saben que voy a cumplir con mi palabra, y entienden que sus acciones tienen consecuencias. Fue una lección dura pero beneficiosa para ellas.

¿Cómo disciplinar?

Ahora, cancelar un viaje familiar a tan sólo trescientos metros de la entrada del parque no es común, gracias a Dios. Fue la única y última vez que he tenido que hacer algo tan extremo. Sin embargo, podría contar muchas historias más de momentos menos dramáticos pero todavía importantes cuando mi esposo y yo tuvimos que ser sabios, firmes y a menudo creativos para ayudar a nuestras hijas a desarrollar disciplina.

Ya vimos que la disciplina se refiere a mucho más que al castigo: habla de una formación interna, a través de la cual ayudamos a los hijos a internalizar los valores y la sabiduría que necesitan para una vida saludable. Ahora vamos a profundizar en una de las preguntas más comunes que escucho sobre este tema: "¿*Cómo disciplino a mis hijos?*".

A continuación, presento algunas sugerencias y principios importantes. En este tema, es importante recalcar que cada familia, padre e hijo somos diferentes. Esperar una lista de pasos o principios que garanticen el éxito terminará solo en frustración, porque esto se trata de seres humanos hechos a la imagen de Dios, no de máquinas salidas de una fábrica. Cada uno respondemos diferente precisamente porque *somos* diferentes: tenemos metas, necesidades, sueños, dolores, historias, personalidades, dones y llamados únicos.

Por eso, tu meta no debe ser el control o la perfección, sino el amor y la sabiduría. Es decir, ser motivado por tu corazón de padre; enfocándote en la relación y la conexión de amor; así como en aprender a conocer cada vez mejor a tus hijos (y a ti mismo), a entenderlos, motivarlos y servirlos.

En el siguiente capítulo voy a dar ejemplos detallados de algunos valores de familia. Son valores que la mayoría de los hogares —quizá todos— quisiéramos inculcar. Luego, vamos a analizar cómo llevar a cabo una disciplina sana en estos casos específicos. Antes de hablar de esos ejemplos particulares, veamos dos principios primordiales para la disciplina: los *valores y normas de la familia* y el concepto de *consecuencias*.

Valores y normas de la familia

Lo primero que hay que entender es la importancia de establecer valores positivos y claros en casa. Si no hemos decidido cómo queremos vivir como familia, no podemos guiar a nuestros hijos de manera clara y objetiva. Muchos padres terminan gritando y castigando a sus hijos porque se frustran con acciones o actitudes que *no* quieren ver, pero nunca han definido lo que *sí* quieren ver.

Recuerda, la buena disciplina siempre es en positivo. Se enfoca en el interior del niño y en su futuro: ve por su bienestar, su protección, su corazón, su desarrollo. Para que esta disciplina exista, tiene que haber bases positivas que la dirijan. Es decir, deben existir metas y una visión familiar que se busque lograr para así proveer de fundamentos la intervención e instrucción paternal.

Si nunca definimos qué es bueno, es imposible explicar qué es malo. Nuestros hijos aprenderán a cumplir con una lista específica de acciones "que mamá quiere" o evitar acciones específicas "que molestan a papá" pero no aprenderán los valores detrás de esos comportamientos, por lo que no sabrán cómo comportarse cuando crezcan y salgan de casa.

Tu meta no debe ser el control o la perfección, sino el amor y la sabiduría.

El primer paso aquí es definir qué tipo de educación deseamos dar como padres a nuestros hijos, recordando que el término "educación" no se refiere solamente al nivel académico sino a su desarrollo integral: es decir, su crecimiento intelectual, moral y espiritual. Esto incluye definir los valores de nuestra familia, mismos que nos guiarán a determinar las normas del hogar: lo que en esta casa sí se hace o no se hace.

Las normas basadas en valores forman el fundamento de la disciplina. Recuerda, la educación y la disciplina trabajan de la mano. Primero establecemos el tipo de educación que queremos, luego disciplinamos a nuestros hijos en la práctica de dicha educación, buscando internalizarla y así formar autodisciplina y valores propios en ellos.

Las normas que los padres establecemos son una declaración clara y específica de los comportamientos que esperamos en nuestros hijos. Hay dos tipos de normas, ambas basadas en nuestros valores familiares: las normas generales y las normas específicas. Las primeras tienen que ver con el establecimiento del valor general y las segundas con acciones específicas.

Como ejemplo de las normas generales, en nuestra casa hemos establecido un código con nuestras hijas que llamamos "las cuatro i": evitamos acciones *inmorales, irrespetuosas, ilegales o irreversibles.* Basados en esto, como padres podemos explicar más fácilmente nuestros "no".

- *Acciones inmorales*: Esto se basa en la moral familiar. Por eso es importante definir y comunicar cuáles son estas acciones morales o inmorales. Pegar a la hermana es violencia, por ejemplo, y eso es inmoral. Decir algo que no es verdad se llama mentir. Cada familia establece la moral familiar que desea seguir.

- *Actitudes irrespetuosas*: Esto no solamente es contestar mal a los padres; implica el respeto mutuo entre todos los miembros de la familia, incluyendo el trato de los padres hacia los hijos. Como familia debemos definir, ¿qué es para nosotros una falta de respeto?

- *Actos ilegales*: En esta nos apegamos completamente a las leyes del país o ciudad donde vivimos.

- *Acciones irreversibles*: El hecho de que algo sea irreversible no automáticamente significa que no se deba hacer, solo que hay que pensarlo muy bien. Ayudamos a nuestras hijas a pensar, ¿qué cosas ya no tienen arreglo? ¿Qué pasa si tomo esta decisión y luego no me gusta el resultado?

Ahora, en términos prácticos, ¿cómo establecemos la normas de la familia? Te dejo cuatro consejos sencillos.

1.- Ambos padres deben estar en común acuerdo.

Es importante que los padres (en el caso de familias con dos padres) se pongan de acuerdo antes de implementar las normas con los hijos. Si no nos encontramos en común acuerdo, enviaremos mensajes con doble moral. Esto nos expondrá como mentirosos, malos o insensibles, además de que nos autorebajaremos autoridad.

2.- Las normas pertenecen única y exclusivamente a la familia nuclear.

No debemos tratar de extenderlas o imponerlas en otras familias o casas. De esta manera enseñamos a nuestros hijos a respetar a los demás, a desarrollar tolerancia y a que otras familias no sean su punto de referencia para justificar acciones que transgredan las reglas particulares de nuestro hogar. Es decir, si uno de tus hijos te argumenta: "Todos los niños de mi salón lo hacen", tu respuesta será: "Está bien, pero en nuestra familia no lo hacemos; ¿recuerdas las normas de nuestra familia?".

Desarrollamos tolerancia cuando agregamos algo como: "No quiere decir que ellos estén mal, simplemente en nuestra familia creemos esto". O tal vez, "decidimos que lo mejor para nuestra familia es hacerlo de esta manera".

El principio general es que tus hijos sepan que sus padres toman decisiones intencionalmente, que nuestros "no" no son un capricho y que a temprana edad conozcan las normas familiares y vean que no se quebrantan (dentro o fuera de casa), además de entender el porqué de dichas normas.

3.- Explica cada una de las normas a tus hijos según su edad.

Como ya mencioné, es importante que las normas que se elijan estén fundamentadas en sus valores familiares. De esta manera, a pesar de que nuestros hijos crezcan o tengan distintas edades entre sí, las normas de la casa siempre tendrán vigencia porque la aplicación de estas solo se ajustará a las nuevas necesidades de la familia en crecimiento. El valor es el mismo, pero su aplicación varía de acuerdo con la edad.

Es importante también que los padres estemos conscientes de que, si están basadas en nuestros valores, las normas generales deben ser aplicadas también en nosotros mismos. Puede haber variaciones en las reglas, siempre y cuando sepamos explicarlas con base en los valores. Por ejemplo: los padres se duermen más tarde. El descanso o el cuidado físico (los valores) se aplican para todos; sin embargo, los adultos necesitan menos horas de sueño. Entonces la aplicación de la norma es diferente, pero el valor es importante para todos.

Nuestra explicación del razonamiento detrás de las reglas ayuda a que ellos desarrollen pensamiento crítico e internalicen el valor. Muchas veces asumimos que los hijos entienden la lógica de nuestras acciones como si fueran adultos, pero no es así. Los padres tenemos que darnos el tiempo para explicar las razones y los detalles de cada norma.

4.- La disciplina requiere de acciones ordenadas y constantes.

Los padres debemos ser coherentes e imparciales en la puesta en práctica de dichas normas. Nuestros hijos necesitan la certeza de que lo que está mal siempre está mal, no por nuestro estado de ánimo o porque hayamos tenido un día difícil. Deben recibir el mensaje de que lo no permitido no es correcto en ninguna circunstancia. Por ejemplo: si una norma específica en casa es, "en los sofás no se brinca", no dejaremos que lo hagan en casa de sus tíos o abuelos, en un hotel, o porque tenemos visitas y no queremos provocar una escena desagradable.

A propósito, no estoy incluyendo una lista global de "las normas que cada familia debe tener". Sería arrogante de mi parte, incluso deshonesto, pues a nadie le corresponde decidir cómo debe ser una familia ajena.

En nuestro caso, a menudo aprovechamos la sabiduría y consejo que encontramos en la Biblia, en especial lo que enseña Jesús acerca del amor. Por ejemplo, la famosa "regla de oro" que Jesús estableció funciona muy bien para ayudar a los niños a reflexionar sobre sus acciones: "Traten a los demás como les gustaría que ellos los trataran a ustedes" (Lucas 6:31). Nos ha servido mostrar a nuestros hijos que Dios es amor y nosotros fuimos hechos a su imagen, entonces debemos actuar por amor. Aún si no te apegues a ninguna religión, el amor es un valor fundamental y universal, y recomiendo mucho que los padres construyan sus normas en casa sobre este cimiento tan importante.

Castigo vs. Consecuencia

Respecto a cómo disciplinar a los hijos, lo segundo que hay que entender es la diferencia entre castigos y consecuencias.

- *Castigo* se refiere a una "pena que se impone a la persona que ha cometido un delito o una falta o ha tenido un mal comportamiento"[64]. Quiere decir que castigar es algo doloroso, costoso o penoso que —en teoría— debe lograr que la persona no repita el error. De la misma manera, amenazar con castigos tiene como meta que la persona no cometa el error en primera instancia por temor a lo que sufrirá.

- *Consecuencia* significa "hecho o acontecimiento derivado o que resulta inevitable y forzosamente de otro".[65] Los términos "derivado" y "resulta" son clave aquí: una consecuencia tiene una conexión natural con la situación que la provoca. Se puede mostrar la lógica: la causa y su efecto.

Mi consejo siempre es evitar castigos y establecer consecuencias. El castigo es un método de corrección externa que crea angustia, ansiedad, temor y culpabilidad. La consecuencia, por su parte, es un método de corrección interna que crea aprendizaje y enseña responsabilidad.

Recuerda, los niños y preadolescentes necesitan orden, estructura y rutinas para desarrollar autodisciplina.[66] Por eso, cuando establecemos y explicamos las normas generales de casa basadas en nuestros valores familiares, debemos también ser explícitos en las consecuencias que resultarán de no seguir dichas normas.

> *La consecuencia es un método de corrección interna que crea aprendizaje y enseña responsabilidad.*

Las consecuencias funcionan por medio de lo que resulta inevitable. Son el resultado de las propias acciones del niño; si lo rompe, lo pega; si lo ensucia, lo limpia; si lo tira, lo levanta; si lo pierde, lo repone; si lo desacomoda, lo acomoda.

El problema es que muchas veces los padres intervenimos en que nuestros hijos no vivan las consecuencias. Lo hacemos desde que son pequeños, en ocasiones impulsados por la compasión, la culpa o la incomodidad.

Por ejemplo, si nuestro hijo pequeño derrama algo en el suelo, ya sea su bebida o algo que están comiendo, el primer impulso es enojarnos, usando expresiones como: "te dije que pusieras atención", "tú, siempre haciendo cochinero" o "acabo de limpiar y ya se ensució todo de nuevo". Seguido de esto, nos dirijimos a la cocina por servilletas o al área de limpieza por el trapeador. Mientras tanto, el niño pequeño promedio impulsivamente tratará de limpiarlo él solo. Aquí es donde, como padres, a menudo no permitimos que él lo haga, porque pensamos que solo ensuciará más.

Esto es un ejemplo muy trivial de cómo los padres intervenimos, no permitiendo que ellos reparen sus errores. A pesar de que fue un accidente, en lugar de perder la paciencia y enojarnos tanto, debemos solo permitir que ellos hagan el esfuerzo de limpiarlo, reponerlo o pegarlo. Después de que ellos lo intenten, ya podríamos nosotros dar ese "toque final" de dejarlo tan limpio como lo deseamos.

Otro ejemplo: si nuestro hijo o hija pierde sus útiles escolares o alguna prenda de su uniforme, los padres generalmente le damos un regaño y nos enojamos, pero no ofrecemos una consecuencia. Sin embargo, si esto se repite varias veces y no hay cambios, sugiero explicarle que la próxima vez que pase, tendrá que pagarlo. Si vuelve a suceder, prepararle un plan de pagos con el dinero que tiene o recibe, o un intercambio de lo que se tiene que reponer con algo que le ibas a comprar o que ya le habías prometido. Un niño más grande puede realizar pequeños trabajos para sus padres o familiares, cómo podar el césped o apoyar en cuidado de niños pequeños. Permítele que reciba el dinero en sus manos y lo vaya guardando, y una vez que junte una cantidad suficiente, puede pagar lo que haya perdido.

Esta enseñanza será dura para él o ella (incluso para ti

también), pero debes mantenerte firme. Recuerda la ley de la casualidad de Sócrates: *Toda causa tiene una consecuencia, y toda consecuencia procede de una causa.* Ahora, ¡no hagas esto cada vez que rompa o pierda algo! La meta no es "cobrar" sino crear cambio. Establecer consecuencias reales por su descuido le ayudará a darse cuenta del valor de las cosas y aprender lecciones de responsabilidad y trabajo que le servirán el resto de su vida.

Este método de disciplina pone en práctica las acciones necesarias para resolver el error. No se trata de venganza, de falta de amor o de abuso de autoridad, es simple y sencillamente la aplicación de una ley natural. Citando de nuevo la Biblia, Gálatas 6:7 dice: "No se dejen engañar... siempre se cosecha lo que se siembra".

La realidad es que podríamos hacer hasta lo imposible como padres en nuestro afán por tratar de ignorar esta verdad; esforzándonos día a día para evitar que nuestros hijos cosechen los frutos de la desobediencia, falta de disciplina, deshonra o malas decisiones que han sembrado. O, en su caso, podríamos estar proveyendo para que reciban la cosecha aun sin haber sembrado (como cuando los premiamos incluso cuando no cumplen con algo que habían prometido hacer). Tal vez mientras nuestros hijos son pequeños podemos desgastarnos física y emocionalmente en el esfuerzo de evitarles las consecuencias, pero el verdadero desgaste será el dolor de ver a los adultos que formemos viviendo consecuencias fuertes en un mundo real, no en el mundo ficticio que nosotros les creamos al resolverles todo. Esas consecuencias potenciales son duras de verdad, y nosotros no podremos protegerles de muchas de ellas: multas, consecuencias legales, pérdida de empleos, deudas, ruina matrimonial, separación de los hijos y muchas cosas más.

He visto familias que parecen estar más centradas en las exigencias del niño que en el bienestar familiar o individual. Pareciera que se ha ubicado al niño como en el foco de todas las atenciones, y los padres erróneamente buscan complacer a su hijo por encima de todo, tratando de evitarle a toda costa cualquier conflicto o disgusto. En el proceso, se autodescalifican para establecer disciplina porque temen enfrentarse a su hijo o hija o negarle cualquier cosa que les pida. El resultado de esto son niños con rasgos egoístas, demandantes, impulsivos e incluso agresivos.

La respuesta ante esta tendencia, como hemos dicho, no es gritar o imponer castigos. Estaríamos entonces cambiando la tolerancia tóxica por una agresión igualmente tóxica. Si realmente queremos ayudar a nuestros hijos, vamos a estar dispuestos a confrontarlos, limitarlos y educarlos para su propio bien. Vamos a decir "no" a veces, o "tienes que hacer tal cosa", o "eso no es una buena idea". Es decir, vamos a ser intencionales en imponer una disciplina amorosa pero firme. No cualquier disciplina, tampoco, sino una que les ayudará a internalizar los valores de la familia en tiempo real y en la vida real.

Si realmente queremos ayudar a nuestros hijos, vamos a estar dispuestos a confrontarlos, limitarlos y educarlos para su propio bien.

Por eso es importante dejar en claro que todos como familia establecemos estas consecuencias lógicas y llegamos a los acuerdos juntos. Acordamos que las consecuencias no son convenientes, pero tampoco son opcionales. Todos aceptan la responsabilidad de sus acciones. Mientras nuestros hijos son pequeños, nosotros mismos establecemos las consecuencias; pero conforme van creciendo, podemos decirles: "Recuerda que como familia establecimos las consecuencias que surgen en este tipo de situación. ¿Te gustaría proponer otras?".

Ahora, ¿qué sucede si las consecuencias no se dan de manera natural? En estos casos, debemos apegarnos a las normas y valores que hemos establecido como familia, pensando con anticipación cuáles serán las consecuencias de no seguir estas normas.

Por ejemplo: ¿Qué consecuencias habría para la ingratitud? La familia podría hablarlo y establecer que la consecuencia de no ser agradecidos con los juguetes que tenemos es perder el privilegio de usarlos por un tiempo. Debe ser obvio aquí la importancia de la clara comunicación con nuestros hijos, explicándoles con anticipación las reglas y con exactitud las consecuencias. Si no lo hacemos así, ellos no sabrán qué esperamos de ellos, ni entenderán las repercusiones.

Otro ejemplo muy común: los berrinches o las rabietas. Como mencioné en el capítulo 9, vienen dentro del marco emocional de la ira. Otra forma de ver los berrinches es como lo que se obtiene cuando un niño pequeño expresa su frustración (provocada por la ira) por algo que necesita y no encuentra la manera de pedir o resolver. Existen causas claves que desencadenan una rabieta en la niños: ira, dolor, hambre, soledad y cansancio, para empezar. Otros factores que pueden contribuir a la causa son: inconsistencia en la disciplina, exceso de crítica, sobreprotección, padres ausentes, problemas en el matrimonio y problemas emocionales en uno o ambos padres, entre otros.

Partiendo de este conocimiento, si tu hijo hace berrinche, ¿cómo debes de responder? Primero, evalúa a qué se debe el berrinche: ¿ira, dolor, hambre, soledad, cansancio? Esto no justifica su enojo, pero sí te ayudará a tener gracia y a responder con sabiduría. Luego, respira profundo y llénate de paciencia. Ahora, conecta con él. No intentes razonar con él mientras está en la rabieta. Si están en un lugar público, como el supermercado, recomiendo que salgas de ahí y vayas al auto para platicar. Luego, tomando en cuenta las posibles causas, busca atender la necesidad del niño. Recomiendo darle un abrazo (como hice con mi sobrina en aquella ocasión) para reafirmar tu presencia y amor y para canalizar sus emociones hacia una solución en equipo. Finalmente repasa con él o ella lo que sucedió, y ofrécele una consecuencia.

Este ejemplo ilustra otro punto importante dentro de la disciplina: nunca luches para ver quién tiene la voluntad más fuerte. Si quieres educar con amor a un niño, no debes entrar en una batalla de voluntades. Ambos terminarán agotados, y nadie ganará. Incluso si crees haber ganado, probablemente habrás quebrado la voluntad de tu hijo. Y si pierdes, será él o ella quien habrá pasado por encima de ti. Ninguno de estos dos resultados es deseable. La comunicación clara, con amor y anticipación, te permitirá hablar con tu hijo con base en la lógica y el acuerdo familiar ya establecido, no en las emociones del momento. No tendrás que convencer ni castigar: solo aplicar las consecuencias naturales de manera amable pero firme.

En este proceso de establecer consecuencias, recuerda que los que ponen el ejemplo somos nosotros los padres, y las normas familiares también aplican para nosotros. Lo que más te dará autoridad para imponer esas consecuencias no es "porque soy tu mamá y yo lo digo " sino, "porque en nuestro hogar tenemos estos valores y es importante que los sigamos". Cuando mantenemos en mente el bienestar de la familia así como de cada uno de sus miembros, respondemos a los errores de los hijos con gracia, humildad y esperanza porque sabemos que son parte normal del crecimiento que todos vivimos.

Para seguir entendiendo la relación tan importante entre valores y disciplina, vamos a revisar más detalladamente tres valores familiares. Hay muchos más que también son importantes, por supuesto, pero estos pueden servirte como ejemplo de cómo establecer valores y luego llevar a cabo una disciplina sana que interiorice el valor en tus hijos.

12. Llevando los valores de la teoría a la práctica

Los niños nunca han sido muy buenos escuchando a sus mayores, pero nunca han fallado en imitarlos.

—James Baldwin[67]

Un martes por la mañana, mi esposo y yo llevábamos a nuestras hijas (de cuatro y dos años, en aquel entonces) a la escuela. De pronto, en la carretera, las luces traseras de los autos frente a nosotros se encendieron abruptamente, y mi esposo se vio obligado a hacer una repentina parada. Metros más adelante, había sucedido un accidente vehicular.

Después de esperar por unos minutos, comenzó el desfile de bomberos, ambulancias y patrullas policíacas llegando al auxilio del percance. De repente, nos percatamos que atrás de nosotros un policía conducía una motocicleta grande entre los vehículos detenidos. Justo al pasar por nuestro lateral izquierdo, avanzando a solo unos dos o tres kilómetros por hora, perdió el balance y cayó con todo y motocicleta sobre el pavimento, a un costado de nuestro auto, rodando dos veces su cuerpo en el asfalto.

Debo de admitir que, al ver que el oficial no se había lastimado, resultó una situación graciosa. ¿Cómo se cayó el oficial —y cómo rodó dos veces— a una velocidad tan baja? No era una escena normal, y provocó una larga risa entre los conductores que lo presenciamos. Fue entonces que mi esposo volteó al retrovisor y vio a nuestras dos pequeñitas que también estaban contagiadas de la risa. Caímos en cuenta que el mensaje que estábamos enviándoles era completamente incorrecto. Reírnos de una autoridad es una falta de respeto y de honra.

El oficial se puso en pie, tomó su manubrio e intentó levantar la pesada motocicleta, pero sin éxito. Sus piernas y manos temblaban por el esfuerzo que estaba haciendo y su expresión facial indicaba absoluta vergüenza; mientras, al resto de los conductores les daba más risa ver que sus esfuerzos eran en vano. Bastantes conductores se burlaban y le gritaban adjetivos de desprecio.

Mi esposo volteó a ver a nuestras hijas y les dijo, "papá necesita ayudar al oficial de la motocicleta". Se bajó del auto, se acercó al oficial y le dijo, "¿Me permite ayudarle?".

Él respondió, sonriendo, "¡pensé que nadie me iba a ayudar! Gracias, muchas gracias".

Treinta segundos de servicio a un oficial desconocido se convirtieron en toda una siembra en los corazones de nuestras hijas. Días después, una de ellas me dijo: "¿Mi papá es un héroe verdad? El ayudó a un policía". Han pasado muchos años de ese día, pero nuestras hijas aún se lo cuentan a su hermana menor como el día que su papá ayudó a un oficial y agradeció su servicio a nuestra comunidad.

En un momento inesperado, los valores familiares de gratitud, respeto y honor se lograron interiorizar un poco más en nuestras hijas. ¿Qué habría pasado si mi esposo no hubiera reaccionado así? La risa nuestra y los gritos despectivos de otros conductores habrían afirmado exactamente lo opuesto a estos valores.

Es sumamente importante estar conscientes de los valores que estamos enseñando y afirmando. La vida real presenta amplias oportunidades para enseñar valores, pero como padres, tenemos que hacer tres cosas:

1. Identificar oportunidades para enseñar.
2. Saber responder sabiamente para explicar e inculcar lo que queremos enseñar.
3. Tener vidas que ejemplifican lo que queremos enseñar.

De las tres, ¿cuál crees que sea la más importante? Si dijiste la #3, estás en lo correcto. Cuando decimos una cosa pero hacemos otra, tarde o temprano nuestros hijos seguirán nuestro ejemplo, no nuestras palabras. Por el contrario, cuando nuestra vida es congruente con nuestra enseñanza, logramos una transformación más eficaz y permanente en nuestros hijos.

Para ilustrar más a detalle cómo llevar los valores de la teoría a la práctica, revisemos juntos algunos valores específicos. Recuerda, los valores familiares son únicos para cada familia, como establecimos en el capítulo anterior. Estos no son los únicos valores, pero nos servirán de ejemplo para identificar oportunidades, responder sabiamente y poner el ejemplo.

Valor de Gratitud

Norma general: *En esta casa, todos somos agradecidos.*

Si la familia adopta este valor, el siguiente paso es preguntar: si en esta casa todos tenemos un corazón agradecido, ¿qué acciones no podemos permitirnos? Otra vez, ¡aquí estamos incluidos los padres! Algunas respuestas coherentes serían: no permitimos la queja, estamos contentos con lo que tenemos, entendemos que en ocasiones no podemos hacer o comprar algunas cosas que nos gustaría tener, etc.

Si uno de nuestros hijos se queja por algo que no tiene o que le gustaría realizar, los padres, en lugar de hacer expresiones como, "¡tú, siempre quejándote!", "¿no ves todo lo que trabajamos?", "¿tienes idea de cuánto cuestan las cosas?" o "en nada te damos gusto", podemos responder con algo así: "¿Qué pasa? Recuerda que una de las normas de esta casa es que todos somos agradecidos y, aunque entiendo que estés frustrado, sería mejor si piensas en todo lo que sí tenemos".

Tal vez estás reflexionando: "Suena bien, pero no parece real". ¡Sí lo es! Si no estás acostumbrado a hablar así en familia, requiere algo de esfuerzo y constancia para cambiar hábitos y establecer valores. Se puede lograr, sin embargo, y vale la pena. Por eso es una disciplina: porque se lleva a cabo durante mucho tiempo, hasta que se vuelve un hábito. Te daré algunos ejemplos.

1.- Las filas sin fin.

Imagínate que estás con tus hijos en un parque de diversiones. Todo va bien hasta que tienen más de 45 minutos en la línea para subirse a una atracción. Entonces, tus hijos comienzan a quejarse de que ya es mucho tiempo y se sienten cansados. Al inicio, solo respondes con, "sí, es mucha la espera, pero pronto se acabará". Sin embargo, su humor va de mal en peor, y se vuelve una actitud ya negativa y quejumbrosa.

Entonces respondes con empatía, no crítica: "Yo también me siento cansado". Luego añades con firmeza y amor, "pero recuerda, todos hicimos un esfuerzo grande para estar aquí, desde el pagar las entradas, trasladarnos, organizar nuestras agendas, etc. En vez de quejarnos, debemos sentirnos agradecidos por la oportunidad que tuvimos de poder venir aquí". Después, recuérdales la norma familiar. "Recuerda que en nuestra familia somos agradecidos, y por lo tanto, no nos quejamos. ¿Qué les parece si inventamos un juego mientras hacemos fila? ¿O seguimos planeando juntos a qué otras atracciones nos subiremos saliendo de esta? A ver, ¿quién tiene el mapa?".

Finalmente, si los hijos persisten en el enojo, aplicas un límite y consecuencia: "Si quieren, podemos regresar al carro e irnos a casa". Todo esto debe ser sin perder el control de tus emociones o caer en modo de castigo. Recuerda, la meta no es solamente que dejen de quejarse o de molestarte, sino que internalicen la idea de gratitud y contentamiento. Así que aprovechas el momento para enseñarlo en tiempo real.

2.- "¡No es justo!".

En casa tenemos una tradición familiar: cada una de nuestras hijas elige qué le gustaría hacer para su cumpleaños. Nosotros solo les ayudamos guiándolas hacia peticiones dentro de un presupuesto ya establecido. Sus deseos van desde tener una fiesta de cumpleaños con amigos y familia, o un regalo muy especial, o ir un día completo solo con nosotros dos a algún lugar de su preferencia, entre otros.

Recuerdo hace algunos años que las primeras dos que cumplieron en el año (en febrero y abril) pidieron fiesta, y la pasaron muy a gusto. Mi hija mayor cumple en diciembre, y cuando se acercó la fecha, pidió que la lleváramos a un parque de diversiones, solo ella y nosotros. El parque contaba con juegos para niños más grandes, y hasta entonces no habíamos ido como familia a ese lugar. Quedaba dentro del presupuesto, así que le dijimos que sí. Ahí es cuando empezó el reclamo: "Yo quiero eso también", "no sabía que podía elegir algo así", y por supuesto el famoso: "¡No es justo!".

¿Te has dado cuenta cómo es que las cosas buenas se nos olvidan con mayor facilidad que las malas? En especial cuando se trata de argumentar algo, es una tendencia humana recordar solo lo que apoya nuestra queja. Es una de las razones por las que los padres debemos establecer límites en sus comentarios —y, por lo tanto, sus pensamientos— antes de que echen raíces en su corazón.

Entonces nuestro trabajo fue recapitular y traer a la memoria lo bueno que habían vivido. "Tú elegiste otra opción. ¿Recuerdas lo increíble que estuvo tu fiesta? ¿Cuántas personas fueron? ¡Todos pasamos un tiempo increíble! El pastel que pediste fue muy especial, ¿lo recuerdas?" Y así, en lugar de reproches o afirmaciones negativas por las quejas, lo que hicimos fue traer a memoria las cosas que sí tuvieron en el momento.

Si caemos en el juego de dejarnos manipular por sus comentarios, estaríamos no solo cediendo autoridad, sino alimentando la envidia. Otro pasaje en el libro de Proverbios en la Biblia dice: "Mente sana en cuerpo sano; por eso la envidia te destruye por completo" (14:30 TLA). Entiendo que no es fácil ver a nuestros hijos decepcionados, pero no es nuestra obligación que estén felices todo el tiempo, tampoco. Ellos tienen que aprender a elegir el contentamiento y la gratitud en lugar de la envidia.

3.- Cuando los padres se decepcionan.

Un último ejemplo de toda la familia y no solamente de los hijos. Supongamos que una de las metas familiares de este año ha sido obtener un carro familiar, remodelar algún área de la casa o tomar algún viaje. A mitad de año, se dan cuenta que no será posible o prudente lograr esa meta.

¿Cómo reaccionan los padres? Aquí la actitud que papá o mamá tenga al reconocer que la compra o viaje no se puede hacer enviará un mensaje muy importante a sus hijos. Si los padres expresan su molestia con coraje, ingratitud o —peor aún— agresión y culpa entre ellos, los hijos no van a aprender gratitud, sino queja. Sin embargo, si los padres, después de aceptar que tendrán que posponer sus planes, hablan con sus hijos con honestidad y equilibrio emocional, podría ser un excelente momento para reforzar esta norma. Podría ser algo como: "¿Recuerdan que papá y mamá estábamos muy emocionados con la idea de comprar un carro nuevo? Al revisar nuestras finanzas, nos dimos cuenta de que no podremos hacerlo este año. La verdad, estábamos muy ilusionados con esta idea, pero ¿saben? Aun así, estamos agradecidos porque a pesar de que no se va a poder, tenemos muchas bendiciones como familia. Vamos a seguir esforzándonos para lograrlo".

Cuidar lo que hablamos y la manera en que nos expresamos es importante aún en cosas pequeñas. Frases del tipo: "Qué bonita mañana, hace algo de frío, pero qué bueno que nosotros tenemos chamarras" o "el día está lluvioso, pero estamos agradecidos porque tenemos un carro para movernos" envían el mensaje adecuado de gratitud a nuestros hijos.

Valor del Respeto

Norma general: *En esta casa nos respetamos a nosotros mismos, a los demás y al bien común.*

Esta norma tiene todo que ver con límites. De nuevo, recuerda que las normas de casa son para todos los integrantes, y esto te incluye a ti como padre. El respeto que le muestras a tu pareja, a tus hijos y otras personas respaldará tu enseñanza con tus hijos.

El respeto es una de las enseñanzas de interacción social más importantes que nuestros hijos deben desarrollar desde su más temprana edad. Es parte vital de los cimientos para una adecuada convivencia, y no cabe duda de que es en la familia donde se construyen sus bases. Si nosotros enseñamos a nuestros hijos la importancia de los límites, será más sencillo para ellos respetar las restricciones ajenas, así como establecer sus propios límites, defenderlos y aceptar los que hay en casa.

Nuestros hijos necesitan saber qué es una falta de respeto. Para muchos niños (¡y padres!) pareciera que el respetar a las figuras de autoridad les produce conflicto: ya sean sus padres, sus maestros u otros líderes en su vida. No estoy afirmando que enseñemos a nuestros hijos a obedecer ciegamente a otros adultos, ya que entiendo que esto sería peligroso. Lo que deseo transmitir, más bien, es la idea general de respeto a la autoridad. ¿Cómo hacemos esto? Primero, siendo ejemplos nosotros mismos, por supuesto. Y segundo, aprovechando las oportunidades que se nos presentan con ellos para charlar del tema. Así les enseñamos que el respeto no solo tiene que ver con las posesiones o con la manera en que nos hablamos, también se centra en nuestras relaciones, los espacios compartidos y nuestro cuerpo. A continuación, veremos dos áreas (de muchas) en donde estas oportunidades tienden a surgir.

1.- Respetando las conversaciones de otros.

Si tus hijos saben hablar, ya te saben interrumpir. Estoy segura de que sabes perfectamente de lo que hablo. Papá o mamá está en una conversación importante, ya sea juntos o con otros adultos, cuando de pronto uno de tus hijos se acerca y jala la blusa o toca insistentemente tu brazo. "¡Mamá, mamá! Mi hermano…", o "papá, ¡mira lo que acabo de hacer!", o "ayúdame con esto…", etc.

De hecho, esto lo hacen aun antes de hablar. Cuando son bebés, lloran y gritan para que les prestemos atención. Eso es de esperarse porque no tienen otra manera de expresar sus necesidades. Pero cuando ya pueden razonar, escuchar y hablar, esperamos cierta paciencia y respeto de su parte.

¿Por qué los niños interrumpen? Aquí hay tres de las razones más comunes.

- *Quieren llamar tu atención.* Por ejemplo, imagina a una mamá que pasa todo el día en casa con sus hijos, pero no se da el tiempo de jugar con ellos ni siquiera 30 minutos. Tampoco se sienta con ellos a la hora de comer, ni se toma un momento solo para escucharlos y reírse con ellos; por el contrario, ocupa todo su tiempo en quehaceres o pendientes. Luego, la visita una amiga, y se ponen a platicar muy a gusto. La mamá, por supuesto, quiere desahogarse y hablar de otras cosas que no sean asuntos infantiles, lo cual es totalmente válido; pero; ¿qué mensaje reciben sus hijos? Solo ven que de repente ella tuvo tiempo para "solo escuchar" a la persona que la vino a visitar y que está interesada en servirle y atenderle. Entonces sus hijos ven a la visita como rival, por lo que buscarán a toda costa distraer la atención de su mamá de ella. Por eso es importante que evalúes el tiempo de calidad que les das a tus hijos y reconozcas si es necesario reafirmarles el amor y la importancia que tienen para ti.

- *Se les olvidan las cosas muy rápido.* Se escucha chistoso, tal vez, pero es verdad. Muchas veces los niños te interrumpen porque su memoria es muy corta y sienten la urgencia de interrumpir para decir lo que necesitan antes de que se les olvide.

- *Aún no han desarrollado un pensamiento reflexivo.* Es decir, no se ponen a pensar en lo que están haciendo, sino que actúan por impulso. No esperes que sigan todas las reglas del "sentido común" porque apenas están desarrollando su capacidad mental y emocional para entender sus acciones y el resultado que tendrán.

Sea cual sea el motivo, ¿qué hacemos cuando nuestros hijos nos interrumpen? Generalmente los padres hacemos una de dos cosas: o atendemos de inmediato al niño, disculpándonos con el otro adulto; o respondemos con voz alta o con clara molestia, "¿no ves que estamos hablando?".

En estos casos, lo mejor sería que primero le pidieras silencio con una señal. Posteriormente, terminas la frase que estás diciendo en tu conversación y, con voz pacífica pero firme, miras a los ojos a tu hijo y le dices: "Estamos hablando tu papá y yo. Espera a que terminemos, y entonces me explicas". Ya que terminas el tema (en los próximos minutos) atiendes la petición de tus hijos.

Más tarde, cuando la visita se haya retirado o en algún momento tranquilo, le explicas lo siguiente: "Cuando papá o mamá estemos hablando, ya sea entre nosotros, por teléfono o con otros adultos, interrumpir es una falta de respeto. Recuerda que en esta casa nos respetamos. Si necesitas algo, puedes pararte a un lado de nosotros y esperar hasta que te preguntamos qué necesitas. Solo debes interrumpir cuando es una emergencia".

Por supuesto, luego vas a definir en qué consiste una emergencia. "Por ejemplo, cuando uno de tus hermanos o algún otro niño que esté de visita está haciendo algo que sea un riesgo para su vida, como subirse a muebles, manipular algo de vidrio, o jugar con materiales peligrosos. También puedes interrumpir cuando tienes un malestar o estás lastimado, o si requieres ayuda para ir al baño".

El manejo de esta regla específica es una de las más difíciles de llevar a cabo. Sé por experiencia propia que es muy probable que tus hijos volverán a interrumpirte. Por eso debes perseverar en la misma conducta antes señalada. Recuerda que además de respeto, estás enseñándoles a ser pacientes. Si en una de esas ocasiones ves a tu hijo con frustración por la espera, solo pon la mano en su hombro y míralo mientras asientes con la cabeza. Es una manera de decirle, te amo, estoy consciente que me quieres decir algo, pero necesitas esperar.

¿Por qué no atender inmediatamente? Primero, porque estarías reforzando un comportamiento egocéntrico. Segundo, porque contribuyes a su desarrollo emocional y afectivo cuando le enseñas a esperar y a manejar la frustración que esto puede causar.

2.- Respetando el cuerpo.

Otro ejemplo importante del valor del respeto es el trato hacía nuestro cuerpo. Como en todo, esto lo modelamos por la manera en que nosotros mismos valoramos nuestro cuerpo. ¿Qué acciones envían un mensaje que le resta valor al cuerpo?

- *Expresarnos negativamente de áreas que no nos gustan.* Imagina que te quejas de tu tipo de nariz, tus brazos cortos, tu cabello chino, cara redonda, etc., y después otras personas hacen comentarios como, "¡tu hija o hijo son igualitos a ti!". El mensaje que ese niño recibe es: "Mi mamá o papá considera fea su nariz, por lo que yo tengo una nariz fea". De esta manera nuestros hijos se apropian de nuestros complejos.

- *Carecer de hábitos alimenticios correctos.* Tal vez nos parezca insignificante este punto, sin embargo, el mensaje que enviamos es sumamente claro: no cuido mi salud, por lo tanto, no tengo respeto por mi cuerpo.

- *No reconocer el lenguaje de nuestro cuerpo.* Nuestro cuerpo también debe ser oído, y debemos crear conciencia en nuestros hijos de las señales que el cuerpo da. Por ejemplo, cuando estamos cansados, cuando tenemos hambre o debemos dejar de comer, o cuando sentimos algún dolor significativo. Si al contrario de esto nuestros hijos nos ven desvelarnos constantemente, tomar muchas pastillas para calmar dolores a diario, consumir alimentos sin control o malpasarnos, enviamos un mensaje de falta de amor y respeto por nuestro cuerpo.

- *No aceptar sus "no" respecto a lo que sienten en su cuerpo.* Peinar a tres niñas todos los días no es fácil, en especial cuando estás contra reloj. En esos momentos, justo cuando quiero hacerlo rápido, ellas se quejan de que les he jalado el cabello. En ocasiones las mamás o papás podemos hacer comentarios como, "no pasa nada", "no exageres", "es tu culpa, te estás moviendo", o "ya voy a terminar". Cuando hacemos esto, corremos el riesgo de enviar dos mensajes: tu dolor no me interesa, o no te creo cuando me dices que te duele. Es una pequeña acción, sí. Pero si todos los días escuchan un regaño por su dolor o una negación del mismo, les empezará a afectar.

En casa, el ambiente de respeto debe llevar al niño a sentirse cómodo expresando las cosas que no le gustan, a reconocer el miedo y la incomodidad, así como a saber que puede pedir ayuda. Debemos respetar frases como la siguientes: "No me aprietes tan fuerte cuando me abrazas", "no me hagas cosquillas", "no me gusta ese juego", "esa actividad me asusta o me pone nervioso" o "no tengo ganas" o "no me gusta".

Es importante que los padres aprendamos a respetar sus "no" en la medida en que sea posible. Cuando digo en la medida en que sea posible, me refiero a que habrá decisiones en las cuales deberemos mantenernos firmes y decidir por ellos: "Necesitas bañarte todos los días". "Lava tus dientes tres veces al día". "Entiendo que no sientes frío, pero es necesario que uses chamarra". "Ponte bloqueador o usa gorra para cubrirte del sol". Observa que en estos casos, utilizamos la firmeza precisamente para afirmar en ellos el respeto por su cuerpo. El enseñar higiene es una forma de valorar su cuerpo, al igual que el protegerte del frío o del sol. El mensaje es protector, sin embargo no está traspasando sus límites como en las afirmaciones anteriores.

Si enseñamos el respeto a nuestro cuerpo como una regla general de casa, las aplicaciones específicas nos ayudarán a enseñar a nuestros hijos a protegerse. También se nos facilitará abordar temas con ellos cuando estén en la adolescencia y juventud temprana, como la forma de vestirse, perforaciones y tatuajes, entre otros temas que cada padre de familia decidirá. El respeto mutuo es un valor fundamental en la sociedad, y su formación empieza en casa.

Valor de la Honestidad

Norma general: *en esta casa amamos la justicia y hablamos con la verdad.*

Las aplicaciones del valor de la honestidad son muy amplias. A veces encasillamos este concepto, pensando que la honestidad solo trata de "no tomar lo ajeno" o "no mentir". La honestidad es más que *no* hacer ciertas cosas. Es un valor positivo que habla de actuar con integridad, sinceridad y transparencia. Lo que buscamos interiorizar en ellos es el valor de ser personas honestas.

Es nuestra responsabilidad modelar un estilo de vida honesto, hablando con la verdad. Si nosotros los padres mostramos tolerancia a la mentira, nuestros hijos aprenderán que a veces está bien mentir. No debemos enseñarles que hay clasificaciones de mentira, como las famosas "mentiras blancas" o "mentiras piadosas". Por ejemplo, si una persona les pide su dirección o tu teléfono, en lugar de recomendarles que digan que no lo saben, es mejor que les aconsejes que digan la verdad: "Mi mamá me ha pedido que no diga mi dirección a nadie".

Nuestros hijos deben saber que la verdad los protege y que les sirve más que la mentira. Si ellos aprenden a ocultar sus faltas, podrían tratar de evitar consecuencias o correcciones nuestras por medio de la mentira, por lo que les será más fácil guardar secretos, incluso aquellos que pondrían en peligro su integridad física, sexual y emocional. Podría resultar también en que otras personas dominen sus acciones y emociones por medio del chantaje. Y por supuesto, si en su niñez aprenden a evitar las consecuencias de sus acciones con la mentira, cuando sean adultos les será más difícil asumir sus responsabilidades.

Muchas veces los padres tratan de motivar a sus hijos a decir la verdad a través de amenazas, enlistando todos los posibles castigos que tendrán si les mienten. "¡Si me entero de que me estás mintiendo...!" O "voy a creerte por esta vez, pero...". Estas afirmaciones solo infunden más temor, y, dominados por ese temor, los niños mienten más. Aprenden a protegerse por medio de la mentira porque al ver el enojo tan aparente de sus padres, la honestidad les parece una opción más peligrosa que la mentira. Mentir entonces se vuelve una salida necesaria a una situación estresante, y esto únicamente refuerza que se utilice a futuro.

En vez de amenazas y gritos, es mejor mostrarles que la verdad es la mejor opción y crear un ambiente seguro para que sean honestos. No prometas que no vivirán ninguna consecuencia, pero tampoco te alteres tanto que mentir les parezca una solución más segura que decir la verdad. Insisto, la meta no es solo que digan la verdad en este momento, sino que aprendan a valorar la honestidad y que desarrollen la valentía e integridad necesarias para ser honestos en cualquier situación.

A continuación, comparto dos ejemplos prácticos de cómo enseñar a los hijos a abrazar la honestidad.

1.- Mal comportamiento en la escuela.

Es la hora de salida del colegio de tu hijo, y de repente la directora o uno de los maestros se aproxima a tu carro con un papel en mano. Ya sabes que viene a infórmate de algo que no le está diciendo a todos los padres. Se acerca a tu ventana, te entrega un reporte y te explica a grandes rasgos una mala conducta de tu hijo.

Cuando tú y tu hijo ya van camino a casa, ¿qué haces? Me imagino que volteas a verlo con cierta tristeza o enojo y le preguntas, "¿qué pasó?". Claro que tu hijo tiene su propia explicación al respecto, y generalmente no cuadra al 100% con lo que el director o maestro dijo. En estos casos, ¿qué es recomendable hacer?

- Primero, genera un ambiente que sea confiable para hablar con la verdad. En este sentido, es necesario que primero te relajes. Posteriormente, dale el beneficio de la duda. Si hay un mensaje que deseas dejar en claro a tu hijo o hija en ese momento es: confío en ti y quiero escucharte, por lo tanto, me interesa tu versión de los hechos.

- Segundo, antes de permitirle hablar, repasa las normas: "Necesito que me digas qué pasó, y puedes hablar con la verdad. Recuerda que, para nuestra familia, es muy importante ser honestos, así que piensa bien lo que me vas a decir. No quiero escucharlo ahorita; mejor cuando lleguemos a casa y podamos hablar cara a cara. Mientras tanto, ve organizando tus ideas para que recuerdes muy bien lo que sucedió. Trata de no exagerar ni omitir nada. Te prometo que voy a tratar de entenderte. Todos cometemos errores, solo sé completamente honesto".

- Tercero, recuérdale que el resultado de hablar con la verdad siempre es la mejor opción. "Si hablas con honestidad, juntos vamos a afrontar las consecuencias. Pero si mientes, no solo afrontarás las consecuencias de tu error, sino que además habrá consecuencias por tu falta de honestidad".

- Finalmente, cuando confiese la verdad, extiéndele misericordia. Esto no quiere decir que no habrá consecuencias, pero puedes decirle palabras de afirmación como, "me siento muy orgulloso de que hayas tenido la valentía de hablar con la verdad", "gracias por ser honesto", o "me alegra saber que elijes decir la verdad". Es necesario decirle que vivirá las repercusiones de sus actos, pero esta realidad será más fácil de sobrellevar recibiendo palabras de afirmación.

2.- Juguete robado.

Te das cuenta de que tu hija tiene un juguete que no reconoces. Le preguntas, "¿de quién es el juguete? O ¿quién te lo regaló? Recuerda, si buscas que tus hijos sean honestos, necesitas enviar el mensaje de que confías en ellos. Si tu hija es pequeña, tal vez de cinco años o menos, podría tener respuestas como estas.

- *"Me lo regaló mi amigo".*

   ¿Qué debes hacer? Con tono de voz tranquilo, sigues cuestionando. "¿Cuándo te lo dio? ¿Por qué crees que te lo haya regalado?" Y la más importante: "¿Sus papás saben que te lo regaló?".

   Si a esta última te responde que no, responderás: "Creo que lo mejor será llamar a su mamá para que sepa del regalo que hizo su hijo. ¿Sabes por qué, amor? Seguramente ellos se lo regalaron a tu amigo, y tal vez se pongan tristes de saber que alguien más lo tiene. ¿Te gustaría que alguien regalara algo que tú le diste?" (reflexión de empatía).

   Si tu hija te pide que no lo hagas, de todas formas, debes hacerlo. Tal vez en ese momento te diga que, más bien, su amigo lo olvidó y ella se lo está cuidando. Si tu hija cambia la historia en el momento que se ve expuesta o descubierta, es posible que lo tomó sin permiso.

- *"Mi amigo lo olvidó aquí en la casa la semana pasada que vino".*

   Qué debes hacer? Decir con un tono tranquilo: "Creo que lo mejor será que lo guardemos en un lugar seguro para que no se dañe, porque no es nuestro. Tal vez tu amigo lo está buscando. Ahorita llamo a su mamá para recordarle que aquí lo olvidaron, y así lo devolveremos en cuanto los veamos de nuevo. Lo bueno es que tienes otros juguetes con los que sí puedes jugar".

- *"No sé. Aquí estaba."*

   ¿Qué debes hacer? Con tono de voz tranquilo (¡insisto!), se lo pides diciendo: "Mejor hay que guardar este juguete porque no sabemos de quién pueda ser. Tal vez alguien lo olvidó, y si es así, es importante que se lo regresemos".

En los casos anteriores, afirmamos tres cosas: primero, hay cosas que no nos pertenecen, aunque estén en nuestra casa. Segundo, debemos devolver lo que no es nuestro. Tercero, las cosas tienen un valor. Estas son lecciones valiosas, especialmente para una niña o un niño pequeño.

Ahora, si es de seis años en adelante, o incluso un preadolescente y adolescente, la conversación será diferente. Después de los cinco años los niños comprenden lo que está bien y lo que está mal. Además, es cuando entienden el concepto de propiedad y comienzan a entender lo que significa robar. Por lo regular, entonces, el que tengan en su poder algo "ajeno" ya no será producto de una casualidad, y necesitamos ser intencionales al hablar con ellos de manera directa y clara. El robo no solo atenta contra nuestros valores familiares, sino que es un delito vergonzoso y con un precio a pagar. Es importante que a temprana edad enseñemos a nuestros hijos acerca del autocontrol, ya que muchas veces el robar es solo un resultado de la impulsividad y la falta de límites que probablemente no se establecieron a temprana edad.

Por supuesto, el robo muchas veces es motivado por egoísmo y envidia: querer algo que no se tiene y que entonces se toma. Pero no siempre es así. He atendido casos en que niños han explicado con sus propias palabras haber tomado lo ajeno para llamar la atención de los padres o para molestarlos o avergonzarlos. Esto es un foco rojo que demanda atención urgente. En ocasiones es por rebeldía, por desafiar la autoridad o por vivir la aventura de saltar normas y límites. En otros casos, lo hacen para pertenecer o hacerse valer dentro de grupos sociales con los que están en constante trato. Cualquiera que sea la motivación o argumento, este tipo de actos evidencian una necesidad de una intervención parental.

¿Qué puedes hacer? Sentarte con tu hijo o hija y simple y sencillamente hablar del tema. Esto debe ser con la mayor calma posible, sin insultarlos y sin juzgar los sentimientos, razones o motivaciones que manifieste. Explica cómo esta acción no solo perjudica a otras personas, sino que tiene consecuencias graves. Ayúdale a ver que robar merma la confianza dentro de la familia. Establece consecuencias claras en caso de que la conducta se repita.

Cada niño y cada situación es distinta, por lo tanto es necesario mucha sabiduría, paciencia y, sobre todo, amor.

Si el comportamiento continúa, lo más recomendable será pedir ayuda profesional. Es importante poder diagnosticar las razones reales por las cuales tu hijo tiene este comportamiento y planificar un tratamiento adecuado para la familia.

Otro punto importante: te recomiendo tratar estos temas con mucha privacidad. No menciones el incidente frente a otras personas, incluyendo otros miembros de la familia. Es importante que honres la confianza de tus hijos.

Estos dos ejemplos —mal comportamiento en la escuela y tomar algún objeto ajeno— sirven para ilustrar el proceso de la disciplina eficaz. Es decir, una disciplina que ayuda a interiorizar los valores familiares. Seguramente puedes pensar en otras situaciones donde es necesario confrontar a los hijos por su propio bien. Esos momentos pueden ser muy valiosos, ya que son oportunidades perfectas para educar, corregir y dirigir a nuestros tan amados hijos.

Cada niño y cada situación es distinta, por lo tanto es necesario tener mucha sabiduría, paciencia y, sobre todo, amor.[68] No es fácil ayudar a nuestros hijos a desarrollarse, pero tampoco es imposible. Todo lo contrario, de hecho. Es un proceso natural y humano, y puedes estar seguro de que van a madurar. Recuerda lo que dijimos en un capítulo anterior: esto también pasará. Las luchas que hoy parecen tan grandes, mañana las van a dominar; ¡y vendrán otras más!

Mientras crezcan, te necesitan. Y mucho. No le tengas miedo a tu responsabilidad, más bien confía en ti mismo y en Dios. Ofréceles lo que tienes —seguridad, amor incondicional, constancia, instrucción y un poco de intervención cuando sea el caso— y serán el gozo y orgullo máximo de tu vida.

13. Supliendo las necesidades básicas de los adolescentes

El amor es mejor maestro que el deber.

—*Albert Einstein*

Tengo muy presente una conversación que tuve con mi mamá hace ya 25 años. Yo era una adolescente de 14, la menor de sus hijos, y ella tenía 39 años. Estábamos en el carro, esperando a que mi hermana terminara con su clase de karate. Recuerdo que de repente vi de perfil a mi mamá y noté pequeñas arrugas alrededor de sus ojos.

"Mami," le pregunté, casi sin pensar, "¿algo te prepara para hacerte viejita? ¿Qué sientes al saber que muy pronto cumplirás 40 años?" Hoy, mientras escribo estas palabras, la memoria de esa pregunta incómoda me da risa, y más porque tengo exactamente esa edad ahora (¡y las mismas arrugas!). Pero en ese tiempo, yo estaba segura de que ella era muy grande, y mi pregunta era en serio.

Aún recuerdo la expresión de su rostro. Esperó unos momentos para responderme mientras mostraba una risa de sorpresa (¿o nerviosismo?). Me tomó de la mano y me miró a los ojos. Finalmente, su respuesta fue con la sabiduría que a ella la identifica.

"Elena, aunque pareciera que no, el tiempo pasa muy rápido y de repente te enfrentas a nuevas temporadas. Pero si eres intencional, puedes estar preparado y enfrentar los cambios con sabiduría, aunque no tengas todas las respuestas o hagas todo bien siempre. Tú, por ejemplo, estás en la adolescencia. ¿Piensas que te preparaste para llegar a esa edad?

"¡No!" contesté yo entré risas.

"Pues, bueno, te diré algo. Tu papá y yo te ayudamos a hacerlo. Siempre platicamos y pensamos en cómo les podemos guiar a tus hermanos y a ti. Él hace algunas cosas, yo hago otras, y juntos les estamos preparando para las etapas que vienen. Dedicamos gran parte de nuestro tiempo en escuchar y enseñarlos para que cuando llegáramos a tener tres adolescentes en casa, fuera tan disfrutable como cuando eran unos niños pequeños".

Mientras ella hablaba, algo estaba sucediendo dentro de mí. Siempre había visto a mis papás como mis papás, nada más. Ahora entendí que eran también un matrimonio; y no solamente eso, sino un equipo en la vida. Fue un momento impactante para mi vida, porque entendí que su trato hacia nosotros era algo intencional. Habían platicado, pensado y planeado cómo criarnos y como mejor ayudarnos, y ni cuenta me había dado.

Mi mamá continúo hablando. "Pero te confieso algo: a veces sí pienso que no estoy preparada para diferentes situaciones como mamá. Estoy muy consciente de mis debilidades y necesidades. Pero he aprendido que, aunque no sea perfecta, puedo ser intencional en suplir sus necesidades".

No recuerdo si le contesté o no, pero sí le estaba poniendo mucha atención. La admiraba mucho (y la sigo admirando). Además de trabajar y tener nuestra casa en orden, siempre la recuerdo llena de energía y de buen humor. Definitivamente, mi papá y ella hacían un gran equipo y se esforzaban por darnos lo que necesitábamos. Mi papá nos llevaba a la escuela todos los días muy temprano, y tenía conversaciones profundas con nosotros, además de proveer también para nuestra casa. Mis hermanos y yo hasta la fecha platicamos de cómo cada uno, a su manera, formó nuestras vidas.

Ahora que tengo la edad que mi mamá tenía en aquel entonces, y soy mamá de tres hijas, entiendo mejor que nunca lo que me estaba diciendo: como padres, debemos ver por las necesidades de nuestros hijos, utilizando el apoyo de otras personas en las áreas donde tengamos alguna falta o debilidad.

En el caso de mis papás, encontraron una forma de trabajar juntos que les funcionó. Mi esposo y yo también trabajamos juntos, aunque nuestras áreas fuertes y débiles son diferentes a mis papás y nuestro modo de operar como padres es entonces distinto. También he hablado con muchos padres —tanto parejas como mamás y papás solteros— que se esfuerzan por suplir las necesidades de sus hijos. Mi punto aquí es esto: sea cual sea nuestra personalidad, situación familiar o trasfondo, debemos ser conscientes del valor y la urgencia de dar a nuestros hijos lo que necesitan en las diferentes etapas de la vida.

Parece sencillo, pero no siempre lo es. A menudo ni atendemos bien a nuestras necesidades. ¿Cómo vamos a hacerlo para ellos? La respuesta, como mi mamá recalcó, no es ser perfectos, sino ser intencionales. Es decir, poner atención, seguir aprendiendo y ser fieles.

No digo esto para criticarte o condenarte, como si todo dependiera de ti. No somos Dios, y no podemos suplir todo lo que nuestros hijos necesitan. Lo digo, más bien, para que tengas la visión de seguir mejorando.

No vayas a compararte con otra familia "mejor" o con tu expectativa de la familia perfecta. No existen padres perfectos: solo padres que se esfuerzan por amar y servir a sus hijos con sabiduría, viendo por las necesidades que tengan. La meta no es alcanzar algun expectativa imposible de qué es un padre o madre, sino desarrollar tu responsabilidad lo mejor posible, aprendiendo y creciendo sobre la marcha, para el bien de tus hijos.

Algo que repito comúnmente a los padres es esto: "Aunque nuestros hijos sean hermanos, no tuvieron a los mismos papás". Lo que quiero comunicar con esto es que distintos hijos perciben y viven nuestra paternidad de maneras distintas.

¿Por qué? Primero, *porque ellos mismos son diferentes, y necesitan diferentes cosas de sus padres.* Lo que funciona para uno no necesariamente funcionará para otro. Uno de nuestros hijos, quizá, necesita mucho tiempo de calidad con nosotros por su temperamento y forma de ser, mientras que otro necesita escuchar palabras de afirmación o recibir abrazos.

Segundo, *porque nuestra condición de vida como familia cambia a lo largo de los años.* Tal vez uno de ellos vivió una etapa de escasez, enfermedad o transición familiar que a otro no le tocó. Esto puede tener un resultado significativo en su formación. He visto que lo que vivimos como padres afecta a nuestros hijos más de lo pensamos. De alguna manera, ¡se dan cuenta de casi todo!

Tercero, y más importante, *porque nosotros mismos cambiamos.* Generalmente cuando estoy hablando con padres, enfatizo este punto en especial. Tendemos a pensar que somos inmutables: que no cambiamos nada (bueno, menos los pañales). Sin embargo, las experiencias de la vida —en especial, ser padres por primera vez— nos influye bastante. Por eso los hijos que nacieron primero frecuentemente observan qué tan permisivos y generosos sus padres son con los más pequeños. Esto muchas veces no se debe al favoritismo, sino al desarrollo de los padres. Entienden mejor que antes qué necesitan los niños, cómo reaccionan, qué funciona para su disciplina y qué no funciona. Han aprendido a identificar cuáles acciones o actitudes hay que confrontar y cuáles se pueden ignorar.

Enfatizo este punto porque nuestro aprendizaje debe ser *intencional.* Como padres, tenemos la enorme responsabilidad de suplir las necesidades básicas de nuestros hijos. Para hacerlo bien, tenemos que entender cuáles son y cómo suplirlas. No es un trabajo sencillo por las mismas razones que mencioné previamente: cada uno de ellos es diferente, las etapas que vivimos en familia cambian y nosotros mismos cambiamos. Sin embargo, no es un reto imposible en lo absoluto. Más que nada, se requiere atención y esfuerzo de nuestra parte para identificar lo que les hace falta y aprender a proveerles lo que necesiten.

Cambios, necesidades y comportamiento

A lo largo de este libro, he hecho hincapié en dos etapas especialmente importantes para los hijos: la infancia (los primeros dos años) y la adolescencia (empezando alrededor de los 12 años). Son las etapas cuando su cerebro, así como el resto de su cuerpo, experimenta más desarrollo. No es coincidencia que sean las etapas más infames en la paternidad, tampoco. Si un niño está viviendo cambios tan dramáticos en su cuerpo, cerebro, emociones e identidad, ¿no te parece lógico que se confunda y explote a veces? Actuará, hablará y responderá de maneras a veces frustrantes o incluso agresivas, no porque sea una mala persona o porque quiera hacerte la vida imposible, sino porque está navegando en un mar de sentimientos y experiencias nuevas.[69]

Con respecto a la infancia, estos primeros años de transición implican avanzar a pasos agigantados. Los cambios en su cuerpo y capacidad mental son notorios y están muy bien documentados. Cuando los llevamos al pediatra, por ejemplo, el médico los mide y pesa, y eso le arroja información necesaria para determinar la salud y bienestar del infante o niño mediante la comparación que realiza con una tabla de talla y peso. Estos indicadores de crecimiento muestran lo que nuestros hijos debieron haber crecido y el peso correcto que de igual forma deberían haber adquirido o perdido según sea el caso. Su crecimiento es también evidente en el proceso de aprender a caminar, luego a hablar, después a leer.

Sus necesidades también son obvias y conocidas. Cuando

llevamos a nuestro bebé por primera vez a casa, el pediatra, enfermeras y personal del hospital (sin tomar en cuenta los abuelitos, amigos y familiares) nos lo entregan con una lista de "instrucciones". Dichas instrucciones se concentran en lo que el bebé hará y lo que tú debes hacer en respuesta. Es decir: el bebé llora y los padres desciframos ese llanto con base en sus necesidades más básicas que, en este caso, son alimento, descanso e higiene. Y así es como los padres regresamos a casa sabiendo que nuestro bebé necesita comer cada dos o tres horas (incluida la noche), que cada vez que coma necesita cambio de pañal, y que es muy probable que por las primeras semanas también duerma bastante entre comidas.

La segunda etapa de transición es cuando nuestros hijos pasan de ser niños a ser preadolescentes y posteriormente adolescentes. Aquí nuevamente vemos los cambios en ellos de una manera muy evidente (transformaciones físicas, hormonales, emocionales, etc.).[70] Sin embargo, es más complicado saber cuáles son sus necesidades. Por eso, muchas veces a los padres les aterra llegar a esta etapa y se les hace difícil abrazarla. Se preguntan, ¿por qué se generan tantos conflictos? ¿Qué es lo que realmente nuestros hijos demandan de nosotros y que aparentemente desconocemos? ¿Cómo les podemos ayudar?

De esto vamos a hablar ahora: cómo suplir las necesidades básicas de nuestros hijos. En particular, vamos a ver la etapa de la adolescencia. En los capítulos anteriores, hablamos de la disciplina con base en valores familiares. Aunque sí hablamos de los adolescentes, me enfoqué un poco más en los niños pequeños. Lo hice así porque la disciplina debe empezar cuando son muy jóvenes. Recuerda, estamos hablando de una disciplina tipo formación, no de castigos, gritos, insultos o golpes.

Si tienes hijos grandes, me imagino que has descubierto que los adolescentes necesitan distintas formas de educación y dirección que los niños pequeños. Otra cosa que repito a menudo con los padres es esto: a un niño se le disciplina; a un joven se le afirma. Es decir, cuando sean adolescentes, nuestro papel como padres ahora tendrá más que ver con solidificar y celebrar lo que ya llevamos años formando en ellos a través de la disciplina.[71] Por eso es importante la disciplina cuando son pequeños: para después contar con bases sólidas durante su adolescencia.

Quiero que veas, sin embargo, que existe para los adolescentes la misma conexión entre cambios, necesidades y comportamiento que para los niños pequeños. El famoso dramatismo de los adolescentes es un reflejo de los cambios y las necesidades que están viviendo. Como padres, no nos toca controlar su comportamiento externo sino discernir y suplir lo que les haga falta por dentro.

Veámoslo con el siguiente ejemplo. Una pareja tiene un bebé de cuatro meses. Son las 3:00 a.m., y el niño tiene hambre. Su instinto de supervivencia hará que exprese esa necesidad comunicándola de la única manera que puede: llorando. Inmediatamente, mamá o papá se apresura a suplir la necesidad. Una vez que la necesidad o necesidades (cambiar el pañal, sacar el aire, etc.) sean suplidas, el bebé volverá a dormir y sus padres también. Este ciclo se repetirá una y otra vez: cada que el bebé llore, los padres buscarán suplir su necesidad y eso traerá descanso no solo al bebé sino a todos los miembros de la familia.

Ahora, imaginemos que los padres —en lugar de suplir la necesidad de este recién nacido— se molestan por el llanto y comienzan a gritarle. Por más molestia que muestren los padres, ese bebé seguirá comunicando su necesidad cada vez más fuerte. No solo él bebé no descansará, tampoco cualquier integrante de la familia que viva bajo el mismo techo. No será hasta que los padres suplan la necesidad de este bebé que todos volverán a descansar física y emocionalmente.

Llevemos el ejemplo anterior a nuestros hijos adolescentes. Aunque nos sorprenda la idea, sigue siendo la misma: nuestros hijos siguen teniendo necesidades, y nosotros, los padres, requerimos suplirlas. Al igual que cuando eran bebés, los adolescentes expresaran su necesidad. Solo que, para este tiempo, no solo van a llorar, ahora son capaces de gritar, aislarse, ir en contra de nuestra voluntad, avergonzarnos, hacer berrinches, golpear, lastimarse —y la lista continúa.

La diferencia entre el primer ejemplo y el segundo es que en el segundo las necesidades a suplir ya no son tan evidentes. Entonces el adolescente hará exactamente lo mismo que el bebé recién nacido: seguirá pidiendo ayuda, clamando para que su necesidad sea suplida.

El error que los padres comúnmente cometemos es atacar la conducta en lugar de suplir la necesidad. Con cansancio, enfado y temor, arremetemos contra las acciones, pero no proveemos soluciones. Las necesidades de nuestros hijos están latentes, en espera de ser suplidas. La pregunta más importante aquí es, ¿por qué los padres no suplimos esas necesidades? La respuesta general es: porque desconocemos cuales son. A diferencia de los bebés, no tenemos en mano una lista de instrucciones. Además, los amigos y familiares no ofrecen mucha ayuda. Solo sacuden la cabeza diciendo: "Suerte, amigo. A los adolescentes, nadie los entiende".

La pirámide de Maslow

El autor Pierre Pichere, en su libro, *Jerarquía de las necesidades de Maslow*, narra como Maslow inició, junto con el psicopedagogo Carl Rogers, un nuevo planteamiento en la psicología llamado *humanista*. A lo largo de su trabajo, Maslow estudió la estructura de las necesidades humanas, llevando una documentación de las mismas.[72] Más tarde, sus lectores y discípulos las formalizaron bajo la forma de una pirámide que ahora es conocida mundialmente como la pirámide de Maslow.

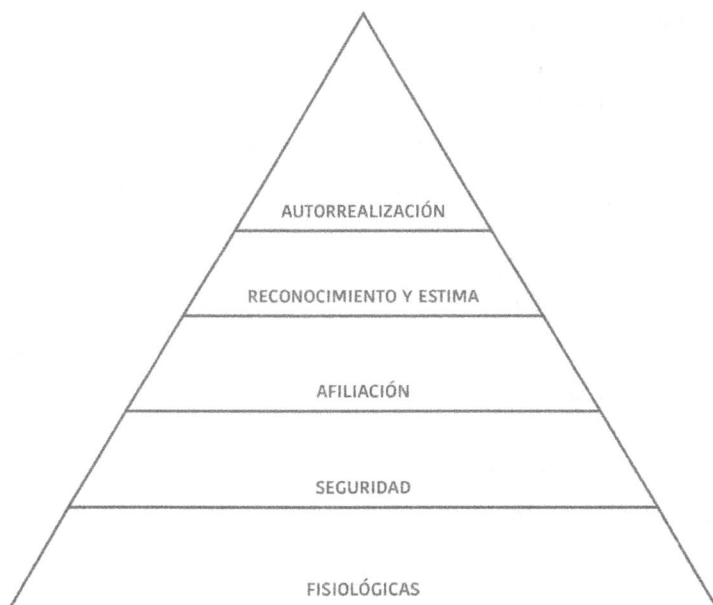

La pirámide identifica cinco niveles de necesidades humanas, empezando desde abajo con las más básicas:

- Las necesidades fisiológicas.
- Las necesidades de seguridad.
- Las necesidades de afiliación.
- Las necesidades de reconocimiento y estima.
- Las necesidades de autorrealización.

Si aplicamos esta pirámide a la crianza, encontramos un tesoro como padres. En especial, analizar el comportamiento de los adolescentes con base en estas necesidades nos ayudará a identificar muchos de los motivos detrás de sus acciones. Así, en vez de atacar solo el comportamiento, podremos llegar a lo que es invisible para el ojo humano, pero de suma importancia para nuestros hijos: su corazón.

1.- Las necesidades fisiológicas.

Son aquellas necesidades fundamentales para mantenernos con vida, como alimentación, salud y descanso. Para un recién nacido —repito— es obvio que nos corresponde como padres suplir estas áreas. También nos toca hacer esto con los adolescentes, aunque en su caso deben (¡en teoría!) poder cuidarse y alimentarse por sí mismos. Si hay algún comportamiento extraño en tus hijos adolescentes, el primer paso debe ser revisar su alimentación, hidratación y horas de sueño. Con tantos cambios hormonales y físicos, necesitan cuidarse *más* que nunca, no menos que nunca. A veces el mal humor o las reacciones extremas no se deben a la rebeldía ni a las hormonas, sino a que salieron con prisa en la mañana sin desayunar, ya son las tres de la tarde y su metabolismo está exigiendo atención.

2.- Las necesidades de seguridad.

Cuando hablamos de la seguridad en el contexto de crianza, lo primero que viene a nuestra mente tal vez sea solo el preservar la vida de nuestros hijos, cuidarlos de accidentes y ser padres responsables de su integridad física. No obstante, este escalón no solo se trata de seguridad física, sino de seguridad emocional, familiar y moral. Es necesario que nuestros hijos tengan un sentimiento claro de confianza, de libertad de expresión, de aceptación. Ellos requieren de un entorno seguro, libre de amenazas, temores y malos tratos.

Es aquí donde vemos que las necesidades de los adolescentes pueden incluso superar las de los bebés. Mientras un bebé haya comido, no tenga frío o calor y esté envuelto en su cobija o en brazos de su mamá, es probable que se sienta seguro. No conoce las amenazas de la vida real todavía, entonces no necesita mucho para sentirse protegido. Los adolescentes, por otro lado, han conocido mucho más de la vida. Ya saben algo acerca del dolor, el rechazo y la soledad. Por eso luchan más para sentirse seguros y protegidos. Para ellos, la protección tiene menos que ver con el lado físico y más que ver con el lado emocional y psicológico. Como padres, debemos entender esto, no criticarlo ni menospreciarlo; y, luego de identificarlo, buscar maneras de crear un entorno seguro y acogedor.

3.- Las necesidades de afiliación.

La afiliación habla de pertenencia y aceptación. Es cuando nuestros hijos se van al exterior, cuando se relacionan. Por eso, antes de llegar al tercer peldaño, deben haber sido afirmados en casa. Nuestros hijos, al igual que nosotros, son seres sociales que necesitan relacionarse. Esto incluye sentirse aceptados por personas que no escogieron (como la familia) y personas que escogieron por sí mismos (como las amistades).

Para los adolescentes, los amigos suplen una parte importante de esta necesidad, y por eso sus amistades les resultan tan cruciales. También es la razón por la cual sienten tan profundamente los conflictos, pleitos, traiciones, malentendidos y otros eventos que tal vez parezcan menos serios para los adultos. Como padres, el solo decir, "búscate otros amigos y ya" después de un conflicto con amigos cercanos es pasar por alto el golpe que su sentimiento de pertenencia sufrió. Tal vez no sepan manejar las amistades o responder a los conflictos todavía, pero eso no quita el hecho de que su necesidad sea real y su dolor sea válido.

4.- Las necesidades de reconocimiento y estima.

Nuestros hijos necesitan saber que son valiosos e importantes. En la familia, esto puede ser desarrollado a través de un sentimiento de cooperación. Es decir, nuestros hijos observan que lo que hacen es importante, ya que claramente ayuda a la familia a conseguir objetivos comunes. Existe un fuerte vínculo entre el sentimiento de cooperación y el sentimiento de pertenencia. Un contexto familiar acogedor les provee de oportunidades para fomentar habilidades, sentirse significativos y capaces, desarrollar recursos, sentirse valiosos, contribuir a los proyectos y escuchar palabras de afirmación. Esto en conjunto facilitará el correcto desarrollo de una autoestima sana.

Desde la infancia, el hogar es sumamente valioso para formar la autoconfianza. ¿Por qué? Porque los niños requieren de nuestra confianza y libertad para satisfacer su deseo de investigar, de explorar el mundo. Hablamos de esto anteriormente: que a través de sus sentidos, los bebés construyen sus primeras representaciones como tamaño, temperaturas, espacio, forma, tiempo y color. Esto no hubiera sido posible si no accediéramos a que ellos bajaran de nuestros brazos. El permitir que nuestros bebés exploren es uno de los primeros actos de confianza que extenderemos hacia nuestros hijos, y sigue siendo vital en cada etapa de su desarrollo. Como adolescentes, nuestra confianza en ellos les infunde autoconfianza, y nuestro elogio, aprobación y reconocimiento desarrollan su autoestima.

Recuerda, esto no se trata de que *nosotros* creamos que ellos son valiosos, capaces o hábiles. La necesidad real se encuentra en que *ellos* se sientan así. De hecho, es más importante que ellos basen su estima en una asesoría propia y sana y no solamente en los comentarios de los demás; pues necesitan aprender a tener confianza en sí mismos, aun cuando no reciben reconocimiento o afirmación por parte de otros.

5.- Las necesidades de autorrealización.

Los primeros tres peldaños soportan los últimos dos. Es decir, no podríamos llegar al cuarto, y mucho menos a la cúspide de la pirámide, si no son suplidas nuestras necesidades más básicas. Sin embargo, tristemente, muchos adolescentes se encuentran atrapados en el segundo y tercer peldaños en cuanto a relación parental se refiere. Recuerda, saber qué necesita el recién nacido para dejar de llorar es fácil comparado con el reconocimiento de las necesidades de nuestros niños y adolescentes; las cuales deben satisfacerse para permitirles conquistar la cúspide, la autorrealización.

Entendemos por autorrealización ese sentimiento de plenitud tan importante, la sensación de ser alguien autónomo, independiente y capaz de afrontar nuevos retos. Esto es uno de los mejores regalos que podemos darles a nuestros hijos. Un niño, adolescente y posteriormente adulto seguro de sí mismo es alguien que, de acuerdo con su edad y etapa, desarrolla cualidades como la creatividad, espontaneidad, carácter, resolución de problemas, inteligencia emocional, contentamiento y control de emociones, entre otras.

Estos cinco peldaños de Maslow —las necesidades fisiológicas, de seguridad, de afiliación, de reconocimiento y estima, y de autorrealización— son universales pero individuales. Es decir, aunque todos los niños y adolescentes (¡y padres!) los tienen, se manifiestan de maneras distintas. Por eso es importante tener una relación estrecha y auténtica con tus hijos. Tienes que esforzarte por descubrir "qué les pasa" y "qué necesitan", no solamente cuando tienen seis meses de edad y te despiertan en la noche; también cuando tienen trece años y parece que no quieren ni hablar, o cuando dicen cosas que te hacen enojar.

En esos momentos complicados, en vez de reaccionar con enfado, toma el tiempo necesario para evaluar sus necesidades internas. Luego, busca maneras de suplir esas deficiencias. No te puedo prometer que será fácil. Pero tampoco es fácil tener un bebé en casa. ¿Recuerdas el cansancio, la frustración, el proceso de aprendizaje? Pasa lo mismo con los adolescentes hasta que —como los bebés— atraviesan esta etapa de cambios drásticos y dramáticos y alcanzan un nivel mayor de madurez.

Mientras tanto, te sugiero que hagas lo que siempre has hecho y siempre harás: amarlos incondicionalmente. Aunque no siempre te lo digan, te necesitan y te aman también.

14. Tu adolescente te necesita (aunque no lo admita)

Detrás de cada niño que cree en sí mismo
hay un padre que creyó primero.

—Matthew Jacobson

Hace algún tiempo, una chica tranquila, linda y aparentemente estable de 14 años vino conmigo a terapia. Al inicio (como suele pasar con jóvenes de esa edad), no se abría mucho. Le hacía preguntas específicas y contestaba de manera general. Después de unas citas, cuando ya me había ganado su confianza, empezó a abrirse más conmigo, y me contaba de lo deteriorada que estaba la relación con su mamá. Recuerdo en especial un comentario que hizo: "A veces, imagino que se muere mi mamá, y me siento feliz. Creo que me gustaría que no estuviera ya en mi vida".

La dureza de sus palabras me sorprendió porque no es normal que una adolescente hable así de su madre. Este tipo de actitud no sucede de la noche a la mañana. Era evidente que esta chica ya había pasado por un proceso de desconexión emocional hacia su mamá a tal grado que no quería que formara parte de su vida.

Aunque se expresó de una manera más fuerte que la mayoría de los jóvenes que hablan conmigo, la desconexión y apatía que manifestó son comunes. Otros me han comentado: "No siento nada por mi papá. Si algún día no regresara a casa, estaríamos incluso mejor". O tal vez hablan del enojo hacía su mamá, y lo platican con una frialdad que deja en claro su resignación.

Esto no sucede solamente con los niños etiquetados como "rebeldes" por los adultos a su alrededor, sino que también ocurre con niños de quienes nadie se lo habría imaginado. Les pasa también a menores que no son "contestones", alegadores, groseros ni problemáticos. Sino que más bien pasan todo el día en su cuarto y, por dentro, hay una brecha cada vez más grande entre ellos y sus padres. Aunque sean callados, en algún momento, hacen comentarios a sus amigos que llegan hasta oídos de sus papás, o hacen o dicen algo delante de los maestros o padres que genera que estos se preocupen lo suficiente como para buscar ayuda. Es entonces que, en este estado de desconexión, suelen llegar conmigo.

No somos tan diferentes a nuestros hijos, al final del día.

Insisto, esta separación emocional y relacional no sucede en un día, ni en una semana o mes. Es el resultado de un proceso de desconexión. El proceso, aunque será diferente en cada caso, consiste en fases claras y progresivas. Estas fases tienen que ver con las necesidades que vimos en el capítulo anterior. Si las necesidades no son satisfechas, pasan de fase uno a la dos, luego a la tres, y así sucesivamente. Sin embargo, en cualquier momento, los padres pueden contrarrestar este proceso a través de identificar y suplir sus necesidades.

Cabe mencionar que los padres no son los únicos responsables de satisfacer las necesidades de sus hijos, y no son los únicos culpables cuando los hijos toman decisiones equivocadas o manifiestan actitudes incorrectas. Los mismos adolescentes tienen mucho que ver, además de otras figuras importantes a su alrededor. Lo que comparto acerca del proceso de la desconexión, entonces, no es para culparte o condenarte si tus hijos se encuentran en una de las fases más avanzadas, sino para ayudarte a entenderlos y cuidarlos mejor.

Tenemos que reconocer que los adolescentes, a diferencia de los bebés, pueden parecer fuertes, aún tercos, por fuera. Sin embargo, son vulnerables por dentro. El adolescente es muy susceptible a las valoraciones despectivas de sus maestros, sus padres y sobre todo sus iguales. Como un bebé, aprende de lo que ve y escucha, y va formando el concepto de sí mismo con base en lo que percibe. En su extrema fragilidad, a menudo se defiende contra los demás mediante un estado de negativismo (rebeldía) o desconexión total.

Por eso es tan crítico que, como papás, sepamos crear ambientes seguros para ellos, donde pueden lidiar con las complicaciones de la vida y madurar poco a poco. En vez de desconectarnos de ellos debido a lo que están viviendo, podemos acercarnos más. Podemos ser su apoyo, su lugar seguro, en medio de las tormentas.

Esto no quiere decir que seremos sus mejores amigos, como veremos en el siguiente capítulo. Quiere decir que podemos mantener una conexión sana con ellos. Es urgente que lo hagamos, de hecho, porque el dolor que sienten es real, y no lo saben manejar. Tienen mucho que aprender de ti todavía.

Recuerda, tu hijo tiene las mismas necesidades fisiológicas y emocionales que tú, y tiene que desarrollar las mismas herramientas que tú has desarrollado (o que sigues desarrollando, mejor dicho): madurez, estrategias de comunicación, inteligencia emocional, sabiduría para tomar buenas decisiones, autoestima, habilidades sociales, ética de trabajo y altos valores morales, entre otras cosas más. No somos tan diferentes a nuestros hijos, al final del día.[73]

Entonces, para saber cómo contrarrestar el tan dañino proceso de la desconexión, vamos a mirar más detalladamente las cinco fases que lo constituyen.

Fase #1: Expresión de necesidad

Desde que nuestros hijos nacen, intentan comunicar sus necesidades. En un principio es por el llanto, como señalé en el capítulo anterior. Mientras crecen, esas necesidades empiezan a abarcar más que comida o descanso e incluyen los demás peldaños de la pirámide de Maslow: seguridad, afiliación, estima y autorrealización.

¿Cómo demuestran su necesidad? Por ejemplo, nos muestran algo que realizaron, como una pequeña obra de arte; o presumen un logro, como vestirse solitos; o intentan algo nuevo, como bajar las escaleras; o piden estar con nosotros o ayudarnos en algo. Cualquiera que sea la acción, hay una necesidad de comunicarla con el fin de obtener afirmación, aceptación o pertenencia.

Ahora, cuando ellos expresan su necesidad, ¿cómo debemos reaccionar? Seguramente ya sabes: reconociendo su logro, avance o participación. Asi afirmamos su valor y construimos su autoestima. Muchas veces, hacemos esto automáticamente, especialmente cuando son pequeños. Sin embargo, en ocasiones, la prisa o el estrés nos distrae y no les prestamos la atención que buscan. O, especialmente en el caso de los adolescentes, podemos olvidarnos de su necesidad de afirmación y enfocarnos solamente en lo que no están haciendo bien.

Veo esto muy seguido: los padres tienen expectativas tan altas de sus hijos que se pasan la mayor parte del tiempo corrigiéndolos o criticándolos ("por su propio bien", por supuesto), pero se les olvida mostrar afirmación y aceptación. Terminan comunicando el mensaje equivocado a los hijos: que su valor y su pertenencia en la familia están conectados con su comportamiento. Y como nunca pueden hacer las cosas perfectamente bien, viven con culpabilidad, inseguridad y temor.

Como papá o mamá, es necesario que prestes atención a las pequeñas indicaciones que te dan tus hijos cuando sienten alguna necesidad. Si buscan pasar tiempo contigo, si piden un abrazo, si te muestran algo que hicieron o si te quieren ayudar con algo de trabajo en casa, estas cosas (y más) pueden ser expresiones de su necesidad natural de recibir tu atención, cariño y aceptación.

A estas alturas —cuando la expresión sea pequeña y a menudo inconsciente de su parte— es fácil suplirla, pero también es fácil ignorarla. Es decir, con una mínima inversión de tu tiempo y atención, puedes suplir esas necesidades emocionales. Por otro lado, existe el peligro de pasar por alto o minimizar lo que te están pidiendo.

Fase #2: Exigencia de atención

Si los niños expresan su necesidad pero solo reciben constantes "no" de nosotros, o si les damos solo atención a medias, tarde o temprano realizan un plan B. Dejan de pedir nuestra atención y ahora la *exigen*. Recuerda, esto no es porque deseen molestarnos, sino porque es una necesidad real. No perdamos de vista esta afirmación. Y, como has de saber, sus métodos para llamar nuestra atención a menudo no son positivos.

Por ejemplo, imagínate una niña de cinco años que no ha obtenido de sus padres la atención que requiere durante tal vez años. Un día mientras está jugando, observa que su hermano cuatro años menor que ella se introduce un objeto pequeño a la boca. Su mamá lo alcanza a ver desde lo lejos, inmediatamente corre a su encuentro, saca el objeto, revisa que esté bien, llama a papá, y los dos llevan a su hermano con ellos. La seguridad de ese bebé es el tema de conversación por los próximos diez minutos.

¿Qué? se pregunta esta niña, *¿solo se requiere eso? Yo también puedo hacerlo.*

Entonces la niña de cinco años comienza a mentir acerca de dolores en su cuerpo, ya sea de cabeza o estómago. Lo hace en casa, en la escuela o en casas de familia extendida. No importa donde, pero ella logrará su objetivo.

Finalmente, sus padres, después de llevarla repetidas veces al pediatra y con un poco de observación, se dan cuenta que en situaciones específicas es cuando ella tiende a experimentar estos dolores. Entonces los padres descubren algo. "Solo lo hace para llamar la atención", dicen ellos.

El descubrimiento es real, tal vez, pero no ven como algo importante el motivo detrás de sus acciones, entonces no buscan solucionar la deficiencia que la niña está sufriendo. De hecho, les trae descanso el saber que su hija está sana y "solo" ha estado mintiendo todo este tiempo. La pequeñita, entonces, idea otras formas de llamar la atención. Por ejemplo, pegando a sus hermanos o estando cerca de cosas peligrosas. El resultado es el mismo: llamar la atención de sus padres.

La parte difícil, como padres, es mirar más allá de las acciones para descubrir las motivaciones y necesidades que impulsan dichas acciones. Como he repetido, la meta de la disciplina no debe ser controlar el comportamiento sino transformar el corazón. En vez de regañarlos por acciones que transgreden las normas o reprimir sus emociones, pregúntate (y pregúntale) qué es lo que realmente está pasando. Tal como los gritos de madrugada de un bebé te alertan de una necesidad urgente, el mal comportamiento de los niños puede ser un grito por ayuda que señala la insatisfacción de necesidades importantes debajo de la superficie.

Fase #3: Pelea por el dominio

Cuando el mal comportamiento es atacado sin tratar con las necesidades no suplidas, la situación pronto empeora. Sus acciones no tienen sentido para nosotros, y sus palabras reflejan actitudes que quisiéramos cambiar. Entonces, pronto nos encontramos luchando contra ellos, queriendo lograr cambios externos sin entender el panorama interno. Generalmente caemos en un ciclo vicioso que consiste en tres errores:

1. Dar largos sermones o discursos.
2. No saber escuchar.
3. Dejar que nuestras emociones nos controlen.

Te pongo un ejemplo. Una tranquila mañana, descubrimos que uno de nuestros hijos dejó tirada su ropa en el baño, y decidimos recordarle que la tiene que levantar. Mientras recorremos la casa desde el baño hasta la sala, en busca del culpable, corren por la mente pensamientos como, *¡siempre es lo mismo! ¿Hasta cuándo va a entender? ¿Por qué tengo que pedírselo una y otra vez?*

Por fin lo encontramos. Está calmadamente descansando en el sillón, viendo algo en el televisor. Esto nos provoca cierta molestia, y los argumentos que veníamos repasando se convierten en quejas al instante. Cuando los verbalizamos, lo hacemos con tono de "ataque". Antes de que nuestros hijos puedan hablar, ya sabemos lo que queremos decir. Así que, en lugar de escuchar, ventilamos todas nuestras quejas.

A eso se le puede llamar sermones. Hablar demasiado lleva una situación de conversación, o una llamada de atención, en una discusión. El "hacer entender" a nuestros hijos nos pone en una postura de defender nuestro punto de vista, y les obliga a defenderse. Entonces su tono de voz sube, y su expresión corporal demuestra enfado, ya sea verbalmente o por medio de su lenguaje corporal: voltean los ojos, se levantan y se van ignorándonos, o nos gritan: "Ya, ¡déjame en paz! ¡No puedes verme ni siquiera un minuto descansando! Estoy harto de esto".

Ahora, no solo continuamos discutiendo, sino que nos subimos a su mismo nivel de intensidad emocional. Damos un salto casi en automático al tercer error: nos enojamos, y esa emoción nos controla. "¡Recoge tu ropa! Ya estoy harto de ver siempre todo tirado. ¡No haces nada nunca! No sé qué voy a hacer contigo". Y así, provocamos aún más a nuestros ya enfadados hijos.

Luego, añadimos a la conversación órdenes: "¡No me hables así! ¡No me mires así! ¡No me dejes aquí hablando!". No nos damos cuenta de que dichas expresiones tienen que ver con *nosotros mismos*. Es así como convertimos esta plática o llamada de atención en discusión, y esa discusión escala a faltas de respeto, insultos, gritos y culpas. Este ciclo infinito termina encasillándonos en una pelea constante con nuestros hijos.

Por nuestro enojo descontrolado, comenzamos a amenazar con consecuencias y castigos sin sentido. "¿Sabes qué? ¡Está bien! Así puedes quedarte. ¡Qué vergüenza a tu edad vivir en ese desorden! Mientras no limpies nada y sigas ignorando, ya no podrás acompañarnos a comer. Vamos a ver quién te compra tus cosas el fin de semana. Voy a sacarte de la escuela donde estás…".

El adolescente promedio ignora estos chantajes. Entonces los padres subimos aún más la intensidad: "Ah, ¿no te importa? ¡Dame tu teléfono! Es más, ¡tu consola de videojuegos también! No tendrás acceso a ningún aparato electrónico".

Aquí, el adolescente ya tiene toda nuestra atención. "¿Es en serio? ¿Vas a hacerme esto solo por tener mi cuarto sucio?". Puede que lleguen a forcejear algunos de los aparatos electrónicos, pero finalmente tomas todos, los llevas a tu recámara y te sientas en la cama con una sensación de triunfo, ira y culpa a la vez.

¿Ganaste? ¿O perdiste?

Nuestra naturaleza humana, en general, está inclinada al egocentrismo, a querer ganar. Por eso, cuando un niño o niña constantemente siente que pierde, probablemente buscará la manera de controlar. ¿Sabes cómo lo logra, sabiendo que no le quedan muchas opciones? Haciéndote estallar. Y ese estallido emocional tiene como resultado que tu hijo se sienta poderoso. Si pierdes el control de tus emociones, ya perdiste en la interacción con tus hijos, aunque hayas ganado la discusión. Si no dominas tus emociones, estás dándole el manejo total de ti mismo a tus hijos. Es así —de manera inconsciente— que ellos logran esa sensación de victoria. Lo puedes ver desde que son pequeños, no solo en la adolescencia. Si tienes un hijo pequeño que hace algo que no te gusta o te molesta y muestras ese enojo con frecuencia, es altamente probable que lo siga haciendo debido a la reacción que obtiene de ti.

Necesitas recuperar y mantener el control. En lugar de perder los estribos y tener esas explosiones emocionales, te recomiendo que repases las reglas del hogar y regreses a las consecuencias naturales y establecidas de las que hablamos en el capítulo 11. De esa manera el niño comprenderá que vivirá una consecuencia propia como resultado de sus actos.

Ahora, una cosa es que, por flojera o distracción, haya dejado su ropa en el baño. Otra es que manifieste un comportamiento negativo porque busca tu atención y ayuda. Recuerda lo que venimos diciendo: si tu hijo está haciendo cosas para llamar tu atención, probablemente tiene necesidades que no están siendo suplidas. No vayas a normalizar su comportamiento diciendo, "así son los adolescentes", y tampoco busques solo dominar su voluntad mediante castigos. En lugar de esas reacciones incorrectas, enfócate en darle un sentido de seguridad, de afiliación y pertenencia, de reconocimiento, de estima y de autorrealización.

Si pierdes el control de tus emociones, ya perdiste en la interacción con tus hijos, aunque hayas ganado la discusión.

Cabe mencionar que esta pelea por el dominio no es siempre

a través de conflictos externos, o sea, con gritos, insultos y pleitos. En algunos casos, puede ser también una pelea interna. Es decir, el chico o la chica tiene necesidades no atendidas, las cuales producen dolor; pero en vez de actuar con agresión, se retira o se esconde dentro de sí mismo. Debido a que no hay agresividad o rebeldía obvia, los padres a menudo no le prestan mucha atención al comportamiento extraño de sus hijos. No entienden que su silencio e introversión son el resultado de conflictos internos que les está haciendo sufrir.

Es importante estar atento a cualquier cambio de comportamiento en tus hijos. Si de repente se ponen más agresivos o más callados de lo normal y la situación no cambia, pregúntate si están recibiendo lo que necesitan. Empieza con lo fisiológico, ya que están pasando por cambios en sus cuerpos. Luego, repasa las demás áreas —temas de seguridad, afiliación, estima, autorrealización— porque también están viviendo cambios en su identidad y su relación con el mundo externo.

Fase #4: Venganza (rebeldía)

Si, en lugar de escuchar y suplir necesidades, caemos siempre en la pelea por el dominio, y si esta pelea se convierte en un hábito en el hogar, las cosas irán de mal en peor. Precisamente así es como se origina la rebeldía en el adolescente. De hecho, por eso no podemos generalizar. La adolescencia no es igual a rebeldía, más bien la rebeldía se presenta durante esta fase. Tuvimos que haber recorrido un largo camino de desconexión con nuestros hijos para llegar hasta aquí.

Lo único que le queda al adolescente que está atrapado en un ciclo de pleitos y conflictos con sus padres es la venganza. Cómo no puede contra tu autoritarismo, buscará otras maneras de ganar. *¿No te gusta mi cabello? Me lo pinto peor. ¿No te gustan mis calificaciones? Voy a reprobar a propósito. ¿No te gustan mis amigos? Pasaré aún más tiempo con ellos y otros peores, y actuaré como ellos.*

¿Qué sucedió? En la fase #3, malgastaste tu autoridad en pequeñeces. Ahora, tu hijo o hija está confrontando dolor interno y necesidades no suplidas, y en vez de buscar tu ayuda, te culpa por lo que está sufriendo.

Tal vez no lo sepa expresar. Solo sabe que está sufriendo mucho y que sus padres no pueden o no quieren ayudar, o incluso piensa que son ellos la causa de su dolor. ¡Qué triste! Es importante reconocer que en esta situación, todos perdemos. Ha surgido una distancia terrible entre los dos, y las consecuencias tanto para padres como para hijos incluyen mucho dolor y confusión.

Si te encuentras en esta fase, no te desesperes. Su venganza es una expresión de su dolor, e inconscientemente (o conscientemente) te culpan por ese dolor. Pero el hecho de que te sigan "castigando" significa que podrían estar abiertos a que también ayudes a sanar su dolor. Esto no será fácil ni rápido. Probablemente se han hartado y no tendrán mucha esperanza de que las cosas puedan cambiar. Sin embargo, tú puedes adoptar otra forma de pensar. ¿Qué debes hacer? Como ya revisamos, aprender a manejar tus emociones ante un conflicto. Ve más allá de sus palabras y acciones, y aprende a identificar las deficiencias que les afectan. Luego, has lo que puedas para suplir sus necesidades y sanar sus corazones.

En cualquier conflicto relacional, ambos tienen parte de la culpa, y ambos tienen que hacer su parte para resolver el conflicto. Como mamá o papá, no puedes controlar su respuesta, pero sí puedes decidir la tuya. Y así, poniendo el ejemplo con humildad, amor incondicional y dominio propio, empiezas a romper el ciclo de la desconexión y a restaurar la relación padre-hijo.[74]

Fase #5: Incapacidad

Si no rompes con el ciclo que estamos describiendo, la última y más alarmante fase es la desconexión. En la fase #4, vimos la pelea por el dominio. Cuando los padres "ganamos" esta pelea, quiere decir que nuestros hijos perdieron. Es decir, usamos nuestra autoridad para aplastarlos y dominarlos, logrando un cambio externo pero a costa de su corazón y alma. Les estamos haciendo perder mucho. No pierden el conflicto entre ellos y nosotros, porque solamente aprenden a callarse y comportarse, mientras por dentro siguen igual o peor. Lo que pierden es su voluntad, autoestima, paz, seguridad, confianza en ti y mucho más.

En un vistazo superficial, nuestros hijos parecen felices, o por lo menos, muestran una actitud dócil. Ya no pelean, más bien se aíslan. Se encierran en su cuarto donde pasan largas horas con consolas de videojuegos, durmiendo o no haciendo nada. Se sienten vacíos, sin propósito, depresivos, desmotivados, aletargados. Son la antítesis de lo que se definiría como joven: atrevidos y activos, con ganas de comerse el mundo.

La joven que mencioné al inicio de este capítulo estaba en esta fase. Por eso podía desear incluso la muerte de su mamá: le parecía más fácil lidiar con su ausencia que con el dolor que su presencia le causaba.

Cuando un niño o adolescente llega a esta fase, es tiempo de hacer un alto y desesperadamente pedir ayuda. Esta fase lleva a una persona al sentimiento de la insuficiencia. Es entonces que el adolescente busca otras formas de sentirse validado. Pensamientos de suicidio pueden pasar por su mente, o puede caer en desórdenes alimenticios, adicciones o dependencias.

A menudo acuden a acciones que autolastiman, no solo emocional sino en especial físicamente. Por ejemplo, el cortarse. Esto lo hacen generalmente en áreas donde no es tan visible, como el muslo, estómago o la parte alta de los brazos. Por lo regular, esto es una representación de querer sentir dolor físico porque no pueden soportar su dolor emocional.

Necesita ayuda, y, como su padre, eres el más indicado para ayudarle a encontrarla. Tal vez esto incluirá cambios en ti. Por amor a tu hijo, ábrete a la corrección y al aprendizaje. No pierdes nada con admitir tus errores. Todo lo contrario: a través de la humildad, la valentía y el amor, lograrás lo imposible.

Quizá el buscar ayuda incluirá otros cambios también: en la agenda, escuela o hábitos, por ejemplo. De nuevo, los padres no tienen la culpa por todo lo que los hijos hacen. No quiero decir con esto que, si tu hijo o hija ha manifestado tendencias de este tipo, esto automáticamente indica errores de paternidad. Más bien, indica que tiene necesidades insatisfechas; sufre dolor y angustia y esto ha llegado al punto de afectarle demasiado.

A través de la humildad, la valentía y el amor, lograrás lo imposible.

Si tu hijo o hija está en esta fase de incapacidad, te recomiendo acudir a terapia profesional. No te detengas por temor a que te vaya a acusar. La verdad produce libertad, entonces lo que salga a la luz será para el bien de todos.

Y, como en todas las demás fases, no dejes de mostrarle amor. Insiste y demuestra que tu aceptación no depende de sus acciones, que no te vas a rendir en la relación, que tus brazos están abiertos, que tu amor es incondicional.

Las cosas no cambiarán de la noche a la mañana. Lo más seguro es que dure algo de tiempo con esta distancia emocional, y más tiempo aún con el dolor interno que provocó el distanciamiento en primer lugar. No es lógico que un mes de terapia o un viaje a la playa en familia arreglen todo, entonces prepárate para las altas y bajas que siempre acompañan los procesos de sanidad. No te rindas, por más largo que sea el proceso. Seguirá siendo tu hijo o tu hija durante toda la vida: vale la pena luchar el tiempo necesario para restablecer esa invaluable conexión.

15. Entrenadores con una mira al futuro

Los mejores regalos que puedes dar a tus hijos son las raíces de la responsabilidad y las alas de la independencia.

—Denis Waitley

Mis hijas juegan fútbol, y casi todos los sábados, tenemos partidos intercolegiales. Disfruto verlas jugar, por supuesto, pero si tienes hijos que practican deporte u otra actividad extracurricular, ya sabes la cantidad de tiempo que esto implica para los padres. Estoy segura de que si sumara las horas que mi esposo y yo hemos estado parados o sentados al lado de canchas, campos, piscinas y escenarios, sería por lo menos un año completo de nuestras vidas.

Como padres, hacemos todo esto con gusto, ¿no? Bajo el sol o la lluvia, ahí estamos con ellos, echándoles porras, celebrando sus triunfos, consolándoles en sus derrotas, recogiendo los objetos que siempre olvidan, dando sugerencias y, en general, siendo sus fans más leales.

Durante tantos partidos y juegos, he tenido amplias oportunidades de observar a los entrenadores. Yo, como mamá, apoyo a mis hijas desde lejos; los entrenadores, en contraste, están a su lado, enseñándoles, dándoles herramientas para jugar, a veces regañándolas pero siempre trabajando para el bienestar del equipo y de cada jugador.

Hay dos cosas que los entrenadores no hacen nunca (se supone, por lo menos): uno, abandonar el partido; y dos, meterse a la cancha para jugar al lado de los niños. Su papel es *apoyar* a los chicos mientras *ellos* juegan, dándoles todo lo que necesiten para tener éxito.

Cuando hablo con los padres respecto a sus hijos adolescentes, los animo a verse como entrenadores. No deben abandonar a sus hijos, dejándolos solos para aprender todo a golpes. Pero tampoco deben intentar vivir sus vidas. Se trata de estar presentes en la vida de tus hijos, más no estar por encima de ellos; ser personajes en su historia, más no los protagonistas.

Este cambio de papel es la razón por la cual los padres tienen que crecer con sus hijos. Así como les dimos oportunidades a aquellos pequeños bebés para que bajaran de nuestros brazos y exploraran el mundo, necesitamos saber acompañar a los adolescentes sin controlarlos; ayudarlos a interiorizar los valores que van a preservar sus vidas sin imponérselos.

Vamos a profundizar más en el tema de los padres como entrenadores, pero primero quiero que examinemos los dos extremos que acabo de señalar. Vamos a llamarlos *padres permisivos* y *padres sobreprotectores*.

Padres permisivos

Son aquellos padres que bajan al adolescente de sus brazos para dejarlo salir de casa sin establecer reglas ni límites. Por lo regular, esto sucede porque tienen hijos menores o por razones laborales de ambos padres, pero esto rápidamente pasa de ser para los padres una situación preocupante a convertirse en una situación cómoda. Los padres adquieren una sensación de libertad a la que rápidamente se acostumbran.

Tienes que recordar que por más confianza se haya ganado tu hijo por sus buenas acciones u obediencia, hay dentro de él un cerebro que guiará sus decisiones, y ese cerebro sigue inmaduro.

Aún requiere supervisión y ayuda para no poner en riesgo su integridad física, mental o emocional.

Un rol que algunos padres desean tomar y que puede encajar en este perfil de padre permisivo es intentar ser amigos de sus hijos pequeños y adolescentes. No estoy hablando de una relación normal de amor y cariño, sino un intento de estar a la par con ellos, como iguales. Eso está fuera de lugar porque nuestros hijos no pueden cargar con esa responsabilidad.

Imagina que tu adolescente tuviera una relación de amistad con un adulto de tu edad, y que ellos pasaran todo el tiempo juntos, platicando de cada detalle, incluso de sus secretos más íntimos. Imagina que este amigo mayor le ayudara a romper reglas de tránsito, le diera dinero sin límite, nunca le dijera "no" cuando quiere hacer algo peligroso, y la facilitara dispositivos electrónicos y libre acceso a internet.

¿Cómo te sentirías al respecto? Así es cuando los padres quieren convertirse en compañeros y amigos de sus hijos en vez de ejercer su autoridad y establecer límites y normas sanas. El juicio con el que un adulto y un adolescente razonan es distinto. El adolescente no sabrá gestionar la libertad que le ha sido dada ni las emociones producidas por los problemas que el adulto le ha confiado; las cuales lo sobrepasarán, y acabará muy lastimado. Hay un tiempo para todo, y habrá un momento en que tus hijos crecerán, se convertirán en adultos y formarán sus propias familias. Entonces podrá ser un buen momento para desarrollar lazos de amistad tan estrechos con ellos.

Todo lo que ya hemos platicado —establecer prioridades, hacer planes, crear normas, interiorizar valores, tener disciplina— te ayudará a evitar este patrón de desconexión que muchos padres adoptan cuando sus hijos crecen o la vida se satura de responsabilidades. He tratado de comunicar el papel indispensable que tú juegas en la vida de tu hijo o hija, se trate de un bebé, niño pequeño, preadolescente, adolescente, joven o adulto. No ignores la influencia que ejerces sobre tu familia ni el ejemplo que eres para ellos.

Padres sobreprotectores

El polo opuesto de los padres permisivos son los padres sobreprotectores. Ellos desean seguir aplicando con sus hijos la misma relación y disciplina que cuando eran bebés o niños pequeños. Esto generará rebeldía en el adolescente, ya que su naturaleza le dicta lo contrario a ser controlado.

Las investigaciones sugieren que los adolescentes con padres sobreprotectores tienen menos probabilidades de convertirse en líderes en la edad adulta. Los padres que están demasiado involucrados, tomando decisiones y haciendo planes constantemente para sus hijos, pueden obstaculizar el desarrollo de la autonomía, la autoestima y el potencial de liderazgo de sus hijos.[75]

El adolescente requiere de nuestra confianza para explorar, relacionarse con sus iguales, conversar y desarrollarse socialmente. El no permitírselos es lo equivalente a no dejar bajar de nuestros brazos a nuestros bebés para que aprendan a gatear, pararse y posteriormente caminar.

Regularmente esto es disfrazado de amor. Los papás creen que todo lo que hacen es por el bien de sus hijos, cuando en realidad se debe, por lo menos en parte, a un deseo de satisfacer una necesidad emocional dentro de ellos mismos. Puede ser por *miedo*, porque no quieren sufrir incomodidad emocional al verlos pasar por dolor o piensan que los van a perder. Puede ser por *inseguridad*, porque buscan sentirse importantes y necesarios a través de la dependencia de sus hijos hacia ellos. O, puede ser por *soledad*, ya que el compañerismo y presencia de sus hijos les ayuda a no sentirse solos. Sea cual sea el caso, usar a los hijos para satisfacer necesidades propias no es amor. Incluso, puede llegar a ser una forma de abuso, porque no se les está permitiendo un desarrollo normal.

Una expresión común de padres sobreprotectores es lo que llamamos la codependencia. Un papá o mamá que es así necesita ser necesitado. Desarrolla en sus hijos una dependencia interna con el motivo de que lo sigan buscando. A veces la gente usa el término de broma, describiendo así una amistad estrecha con alguien. En realidad, la codependencia describe un tipo de relación muy dañina, ya que limita a ambas personas. No solo eso, sino también crea perspectivas no sanas de las relaciones humanas.

Una persona codependiente cría personas dependientes. Luego, ¿qué pasa cuando los padres ya no están? Ese hijo o hija busca a alguien más de quien depender. Muchas veces permiten el abuso porque son fáciles de manipular. Han normalizado tener una relación tóxica con alguien egoísta y llamarla amor. Dependen entonces de amigos, novios, novias, incluso de sustancias.

Veo este comportamiento más en las mamás, pero también los papás lo llegan a manifestar. En ocasiones es el resultado de un matrimonio infeliz, porque uno o ambos no quiere quedarse solo, o tal vez está buscando que sus hijos suplan las necesidades emocionales que tiene. Sea cual sea el motivo, generalmente crean esta relación codependiente sin querer a través de comentarios y acciones que sutilmente le dicen al niño que nunca va a poder hacer las cosas bien o por sí mismo.

Para saber si estás cayendo en la codependencia, pregúntate, ¿cuál es la motivación de querer hacer todo por ellos? Si necesitas que te necesiten, eso es señal de peligro. Está bien hacer mucho para ellos —a fin de cuentas, ser mamá o papá implica mucho sacrificio—, pero asegúrate de que tus sacrificios son para criar un niño cada vez más fuerte, maduro e independiente, no un niño que nunca podrá separarse o estar solo.

En vez de la codependencia, debemos desarrollar la interdependencia. ¿Cuál es la diferencia? La codependencia es una relación tóxica y egoísta donde ninguno puede funcionar sin el otro. Ambos pierden su autonomía e independencia. La interdependencia, al contrario, es una relación donde se respeta la autonomía de ambos. Es equitativa, y tanto padres como hijos cumplen con su respectivo papel, contribuyendo y beneficiando a un contexto de respeto y amor mutuo.

Entrenando a los hijos

¿Cuál es el punto medio entre estos extremos, padres permisivos y padres protectores? Los padres como entrenadores.

Para entender esta ilustración, imagina un partido de fútbol profesional. Es el final de la temporada, el juego que definirá el campeonato, y ambos equipos están luchando como nunca por ganar. Mientras los jugadores dan todo en el campo, ¿qué están haciendo los entrenadores? Seguramente los has visto en la televisión. Están atentos, su atención fija en el juego. Analizan a los jugadores y las estrategias para hacer cambios y para darles instrucciones durante el medio tiempo. Cuando los jugadores cometen algún error, se ve su frustración de los entrandores. Si se lesiona alguien, los entrenadores corren para estar a su lado. Si el otro equipo mete un gol, el dolor de los jugadores también se plasma sobre el rostro de los entrenadores. Cuando su equipo mete un gol, gritan y celebran como si ellos mismos hubieran pateado el balón.

Todo esto lo hacen sin jugar. Es decir, no ocupan el lugar de quienes están en la cancha, sino que los apoyan; se quedan cerca pero a cierta distancia, respetando los límites del juego y la dignidad de los jugadores.

Los adolescentes necesitan entrenadores. No hablo de los que dirigen sus equipos de fut, básquet, natación u otro deporte, sino de los adultos que los rodean en todas las áreas de la vida. Maestros, abuelos, pastores, consejeros, y —por supuesto— padres.

Entonces, si eres mamá o papá de un adolescente o preadolescente, ¿cómo puedes desempeñar este rol? Vamos a ver cinco maneras de ser un buen entrenador para tus hijos.

1.- Siempre estar presente.

En los partidos de mis hijas, un equipo no puede jugar si el entrenador (o un sustituto del mismo) no ha llegado. Si el entrenador está ausente, al equipo no se le permite entrar a la cancha y jugar el partido.

De la misma manera, como padres, nuestros hijos aún nos necesitan. No podemos esperar que entren al campo de la vida sin nuestra supervisión. Todavía requieren de nuestra guía, afirmación, aplauso, palabras de ánimo, enseñanza, consejo, apoyo y amor.

No te conviertas en un padre negligente, no importa con cuánta frecuencia diga tu hijo adolescente que desea que le dejes en paz. En realidad, necesita y desea cierta orientación, y todavía te quiere a su lado. Incluso cuando actúe como si quisiera sacarte de la banca, cancha o gradas, se sentirá abandonado si te fueras. Aunque parezca que no escucha una sola palabra de lo que dices, en realidad sí lo hace, aunque le lleve algunos días, semanas o años demostrarlo.

2.- Conocer sus habilidades, debilidades y destrezas.

El entrenador tiene que conocer a cada jugador, tanto sus fortalezas como las áreas en donde necesita crecer. Ve el cuadro completo, incluyendo los retos, los oponentes y la condición de su equipo. Este conocimiento le permite guiar el desarrollo y participación de cada miembro y coordinar al equipo completo.

Como papá o mamá, te toca hacer esto también. Tú conoces mejor a tu hijo o tu hija que cualquier otra persona en su vida. No sabes *todo* de él o ella, ya que habrá cosas que no te cuenta; pero lo conoces desde su infancia, y has visto su desarrollo. No te rindas diciendo "ya no lo reconozco" o "es que ha cambiado tanto". Conoces su capacidad y su potencial, has visto sus triunfos y puedes guiarle hacia el éxito.

Un error común en los padres de los adolescentes es enfocarse demasiado en sus debilidades o deficiencias. Ejercen mucha presión para que sean de alguna manera o hagan ciertas cosas. Por ejemplo, se preocupan demasiado por sus calificaciones, los puestos que ocupan en grupos estudiantiles, si están en la escolta o no, si juegan en un equipo deportivo, etc. Debes abrazar tanto las debilidades como las fortalezas de tus hijos. Recuerda, un entrenador sabe en qué áreas sus jugadores necesitan mejorar, pero no se obsesiona con eso. Se enfoca mucho más en sacar provecho de sus destrezas y de utilizarlos en situaciones donde van a triunfar. Invierte en las fortalezas de tus hijos y verás como esto los catapultará hacía adelante.

3.- Plantear escenarios.

Seguramente has visto alguna película de deportes, tal vez de un equipo descartado por todos que gana el campeonato, o un jugador novato que logra lo imposible con su talento recién descubierto. Por lo regular hay una escena dramática en los vestidores, antes del partido o a medio tiempo, cuando el entrenador habla con su equipo. Siempre en el fondo se ve un pizarrón cubierto de diagramas, donde han estado evaluando escenarios posibles.

¿Qué implica este pizarrón? Que el entrenador no solamente provee palabras de ánimo o elogio, sino que los prepara con anticipación para lo que podrían enfrentar. "Si atacan por este lado, ustedes pueden hacer tal cosa. Si ellos hacen lo otro, entonces ustedes usen esta estrategia". El entrenador sabe que no los puede acompañar en el juego, entonces se esfuerza por darles herramientas con anticipación.

Debes hacer lo mismo con tu hijo o hija. Si vas a dejarle ir a una fiesta o salir al cine con sus amigos o compañeros de clase, es útil primero repasar las reglas juntos. Háblale de límites de espacio, tiempo determinado, y posibles escenarios que pudieran ser inesperados. Por ejemplo: ¿qué pasa si, al salir de la película o de la fiesta, no me encuentras? ¿Qué haces si se te descarga el teléfono? ¿Qué sucedería si dentro del lugar pierdes de vista a tu grupo de amigos? Dependiendo de su edad, las preguntas incluirían otros temas. ¿Qué harías si te ofrecieran alguna sustancia ilegal o droga? ¿Cómo debes de responder si alguien te empieza a incomodar con su conversación, cercanía o incluso contacto físico?

Recuerdo que por mucho tiempo había una campaña en México que decía: "Di no a las drogas". La escuchaba en anuncios, televisión, la escuela, la radio. Sin embargo, era lo único que decía. No te planteaban escenarios. Una vez mis padres me preguntaron, "¿Qué harías si uno de tus mejores amigos te ofreciera alguna sustancia? ¿Cómo responderías?" Fue ahí que me entró el mensaje que esa campaña quiso comunicar. Necesitaba imaginar una situación real, no solamente escuchar lemas.

Ahora, si le preguntas esto a tu hija o hijo, siempre dirá, "por supuesto que no lo aceptaría". Con mis hijas, lo llevo a otro nivel. "Pero ¿qué harías si fuera tu mejor amigo, o algún amigo de la familia o el chico que te gusta?". Probablemente no sería un extranjero feo y malvado quien le ofrecería droga, sino un amigo cercano, alguien de confianza. Por la curiosidad o presión del grupo, tu hijo podría tomar una mala decisión. Por eso le enseñas estrategias con anticipación.

El entrenador no puede tomar el lugar del jugador, y tú no puedes tomar el lugar de tu hijo. En el caso de un partido, el equipo quedaría descalificado o recibiría algún castigo. En el caso de tu hijo, le estarías avergonzando, malacostumbrando y aun alejando. Acércate con sabiduría para dar consejo o auxiliarle a cambiar la estrategia, pero no los empujes a un lado ni tomes sus decisiones por él.

No se trata de espantarlo, tampoco. Le estás infundiendo sabiduría y sentido común, no terror. Muéstrale la necesidad de estar alerta y de responder con inteligencia y cuidado. Estas pláticas son momentos para idear posibles soluciones y contestar dudas en un contexto seguro. Entonces, cuando vaya al cine o a la fiesta o al campamento o al evento que sea —es decir, cuando entre a jugar a la cancha— será más tranquilizador para ambos porque se habrán preparado y entrenado.

4.- Dar dirección y consejo.

Habrá momentos en la vida de nuestros hijos en que tendremos que hacer un alto y recapitular las decisiones que se están tomando. Esta confrontación no es fácil en el momento, pero es necesaria para su bienestar a largo plazo. Nuestro trabajo sigue siendo protegerlos, en ocasiones de sus propias emociones desenfrenadas.

Recordemos la importancia de ser sabios al educar, de tal manera que el adolescente haya desarrollado una disciplina interna. Si nos imponemos, solo vamos a obtener una obediencia basada en un sentimiento de miedo y culpa. Más bien se trata de hacer una invitación al adolescente a otro tipo de reacción. Un límite bien establecido siempre va acompañado de una alternativa. No le des a tus hijos un *no* para todo en la vida sin nunca darles un *sí*.

5.- Celebra sus victorias como propias.

Cuando un jugador anota, el entrenador no se mete a la cancha, pero celebra como si lo hubiera hecho él. Esto habla de participación, de conexión, de empatía. También habla de humildad, porque el entrenador no busca crédito o celebridad para sí mismo, más bien quiere que el equipo gane.

Lo mismo pasa en tu rol como papá o mamá. Reconoces sus logros, sus esfuerzos, sus victorias. Celebras con él o ella. De la misma manera, sientes compasión cuando sufre alguna pérdida o dolor. Sin embargo, como he repetido varias veces, no dejas de respetar los límites. Estás al lado del campo, detrás de la línea que demarca tu zona de influencia, mientras tu hijo hace su mayor esfuerzo.

Recuerda, no siempre va a ganar, meter el gol o ser la estrella. Está bien —la vida es larga, y hay tiempo para aprender y crecer. Tienes que aceptar esto. Habrá un medio tiempo para animar, abrazar, creer. Habrá una nueva temporada para volver a intentarlo. Lo importante no es que gane cada enfrentamiento, sino que siga en el juego, que se desarrolle, que se divierta, que aprenda y crezca. Y, junto con esto, que sepa que estás y estarás a su lado, creyendo en él y apoyándolo, cuando pierda y cuando gane, durante toda su vida.

Hoy, te toca

Dentro de poco tiempo, las horas que pasamos en los partidos o eventos extracurriculares acabarán. Nuestros hijos crecerán y continuarán con sus vidas. La relación cambiará cada vez más: podemos llegar a ser amigos, incluso podemos llegar a pedirles consejo a ellos.

Ese tiempo vendrá. Pero no es hoy. Hoy, te toca ser entrenador. Tu pizarrón es tu conversación con ellos; tu autoridad es tu ejemplo; y la cancha es el mundo afuera. Puede ser un poco intimidante, tanto para ellos como para ti. No seas un padre ausente, desconectado, permisivo; pero tampoco seas un padre sobreprotector o codependiente.

Desempeña, más bien, ese papel de entrenador. Seguramente tus hijos te sorprenderán con su destreza y esfuerzo. Irán lejos y lograrán mucho. Te harán sentir orgulloso. Pero siempre, como los niños suelen hacer, te voltearán a ver para saber que papá o mamá los está viendo y celebrando.

Los hijos son una herencia del Señor,
los frutos del vientre son una recompensa.
Salmo 127:3

Notas

Introducción

1   Brenda L. Volling, Wonjung Oh, Richard Gonzalez, Patty X. Kuo, y Tianyi Yu, "Patterns of Marital Relationship Change across the Transition from One Child to Two", *Couple and Family Psychology: Research and Practice 4, no. 3* (2015), 177-97. https://doi.org/10.1037/cfp0000046.

2   Laura Lee McIntyre, Tanya L. Eckert, Barbara H. Fiese, Florence D. DiGennaro, y Leah K. Wildenger, "Transition to Kindergarten: Family Experiences and Involvement", *Early Childhood Education Journal 35, no. 1* (2007), 83-88.

3   Carol Dweck, *Mindset-Updated Edition: Changing the Way You Think to Fulfil Your Potential* (London: Hachette UK, 2017).

Capítulo 1

4   Wendy Wang, *Parents' Time with Kids More Rewarding Than Paid Work-and More Exhausting* (Pew Research Center, 2013), https://www.pewresearch.org/social-trends/2013/10/08/parents-time-with-kids-more-rewarding-than-paid-work-and-more-exhausting/.

5   Kim Parker, Juliana Menasce Horowitz, y Molly Rohal, "Parenting in America: Outlook, Worries, Aspirations Are Strongly Linked to Financial Situation", (2015), https://issuelab.org/resources/25832/25832.pdf; veáse también Wendy Wang

6   Amanda Sheffield Morris, Jennifer S. Silk, Laurence Steinberg, Sonya S. Myers, y Lara Rachel Robinson, "The Role of the Family Context in the Development of Emotion Regulation", *Social Development 16, no. 2* (2007), 361-88. https://doi.org/10.1111/j.1467-9507.2007.00389.x.

7   Kenneth R. Ginsburg, "The Importance of Play in Promoting Healthy Child Development and Maintaining Strong Parent-Child Bonds", *Pediatrics 119, no. 1* (2007), 182-91.

8   American Psychological Association, *Stress in America 2021: Stress and Decision-Making During the Pandemic,* (Washington, DC: 2021).

9   Jack P. Shonkoff, Andrew S. Garner, Committee on Psychosocial Aspects of Child, Committee on Early Childhood Family Health, Adoption, Dependent Care, Section on Developmental, Behavioral Pediatrics, et al., "The Lifelong Effects of Early Childhood Adversity and Toxic Stress", *Pediatrics 129, no. 1* (2012), e232-e46, https://doi.org/10.1542/peds.2011-2663.

10 J. Gilleland, C. Suveg, M. L. Jacob, y K. Thomassin, "Understanding the Medically Unexplained: Emotional and Familial Influences on Children's Somatic Functioning", *Child: Care, Health and Development 35, no. 3* (2009), 383-90, https://doi.org/10.1111/j.1365-2214.2009.00950.x.

11 Julia H. Jones, Trenton A. Call, Sarah N. Wolford, y Lenore M. McWey, "Parental Stress and Child Outcomes: The Mediating Role of Family Conflict" [In eng], *Journal of Child & Family Studies 30, no. 3* (2021), 746-56, https://doi.org/10.1007/s10826-021-01904-8; véase también Kathleen Crum y Angela Moreland, "Parental Stress and Children's Social and Behavioral Outcomes: The Role of Abuse Potential over Time" [In eng], *Journal of Child and Family Studies 26, no. 11* (2017), 3067-78, https://doi.org/10.1007/s10826-017-0822-5.

12 Julia H. Jones, Trenton A. Call, Sarah N. Wolford, y Lenore M. McWey, "Parental Stress and Child Outcomes: The Mediating Role of Family Conflict".

13 Alvin Rosenfeld y Nicole Wise, *The Over-Scheduled Child: Avoiding the Hyper-Parenting Trap*, (St. Martin's Griffin: 2010).

14 George E. Higgins, EmmaLeigh E. Kirchner, Melissa L. Ricketts, y Catherine D. Marcum, "Developing Self-Control: The Role of Parental Stress" [In eng], *Criminal Justice Studies: A Critical Journal of Crime, Law & Society 24, no. 2* (2011), 183-98, https://doi.org/10.1080/1478601X.2011.561647.

Capítulo 2

15 Randal D. Day, *Introduction to Family Processes. 5 ed.* (New York, NY: Routledge, 2010).

16 Gail E. Walton, David R. Hibbard, Chris Coughlin, y Diana D. Coyl-Shepherd, "Parenting, Personality, and Culture as Predictors of Perfectionism" [In eng], *Current Psychology 39, no. 2* (2020), 681-93, https://doi.org/10.1007/s12144-018-9793-y.

17 Alexis A. Adams-Clark, Angela H. Lee, Christina Gamache Martin, Arianna Zarosinski, y Maureen Zalewski, "Characterizing Maternal Apology Attitudes and Behaviors" [In eng], *Journal of Child and Family Studies 30, no. 10* (2021), 2379-91, https://doi.org/10.1007/s10826-021-02031-0.

18 Gia Miller, "Should Parents Apologize to Their Kids? And If So, What's the Best Way to Do It?", *The Washington Post* (04/16/2018).

Capítulo 3

19 Roy F. Baumeister, Ellen Bratslavsky, Catrin Finkenauer, y Kathleen D. Vohs, "Bad Is Stronger Than Good", *Review of General Psychology 5, no. 4* (2001), 323-70.

20 Randal D. Day, *Introduction to Family Processes. 5 ed.*

21 William J. Friedman y W. J. Friedman, "The Development of Children's Knowledge of the Times of Future Events", *Child Development 71, no. 4* (2000), 913-32, https://doi.org/10.1111/1467-8624.00199.

Capítulo 4

22 Jon Acuff, "3 Tips for Actually Finishing What You Start", *Fortune.com* (2017): 1-1.

23 Jon Acuff, "3 Tips for Actually Finishing What You Start".

24 Kenneth R. Ginsburg, "The Importance of Play in Promoting Healthy Child Development and Maintaining Strong Parent-Child Bonds".

25 Randal D. Day, *Introduction to Family Processes. 5 ed.*

Capítulo 5

26 Amanda S. Morris, Michael M. Criss, Jennifer S. Silk, y Benjamin J. Houltberg, "The Impact of Parenting on Emotion Regulation During Childhood and Adolescence", *Child Development Perspectives 11, no. 4* (2017), 233-38, https://doi.org/10.1111/cdep.12238.

27 Dap Louw y Anet Louw, *Child and Adolescent Development, Second edition,* (Bloemfontein, South Africa: UJ Press, 2014).

28 Iain McGilchrist, "Reciprocal Organization of the Cerebral Hemispheres", *Dialogues in Clinical Neuroscience 12, no. 4* (2010), 503-15, https://doi.org/10.31887/DCNS.2010.12.4/imcgilchrist.

29 D. John D. Ninivaggi, *Biomental Child Development: Perspectives on Psychology and Parenting* (Lanham, Md: Rowman and Littlefield Publishers, 2012); Iain McGilchrist, "Reciprocal Organization of the Cerebral Hemispheres".

30 D. John D. Ninivaggi, *Biomental Child Development: Perspectives on Psychology and Parenting*; Iain McGilchrist, "Reciprocal Organization of the Cerebral Hemispheres".

31 D. John D. Ninivaggi, *Biomental Child Development: Perspectives on Psychology and Parenting.*

32 Dap Louw y Anet Louw, *Child and Adolescent Development, Second edition.*

33 D. John D Ninivaggi, *Biomental Child Development: Perspectives on Psychology and Parenting.*

34 Torkel Klingberg y Neil Betteridge, *The Learning Brain: Memory and Brain Development in Children* (Oxford; New York: Oxford University Press, 2012).

35 Rajat Soni, *Un-Judge Your Teenager* (Notion Press: 2020), 42.

Capítulo 6

36 Catherine R. Gale, Ian J. Dreary, y Mai Stafford, "A Life Course Approach to Psychological and Social Wellbeing", *A Life Course Approach to Healthy Ageing, chapter 4* (Oxford: OUP Oxford, 2013).

37 Sylvie Lévesque, Véronique Bisson, Laurence Charton, y Mylène Fernet, "Parenting and Relational Well-Being During the Transition to Parenthood: Challenges for First-Time Parents", *Journal of Child and Family Studies 29, no. 7* (2020), 1938-56, https://doi.org/10.1007/s10826-020-01727-z.

38 Marielle Bohan-Baker y Priscilla MD Little, *The Transition to Kindergarten: A Review of Current Research and Promising Practices to Involve Families* (Cambridge, MA: Harvard Family Research Project, 2002).

39 Randal D. Day, *Introduction to Family Processes. 5 ed.*

Capítulo 7

40 Atribuido a Frank Pittman, *Man Enough: Fathers, Sons, and the Search for Masculinity* (Penguin, 1994).

41 Chris Segrin, Tricia J. Burke, y Trevor Kauer, "Overparenting Is Associated with Perfectionism in Parents of Young Adults" [In eng], *Couple and Family Psychology: Research and Practice 9, no. 3* (2020), 181-90, https://doi.org/10.1037/cfp0000143.

42 Jasob B. Luoma y Christina Chwyl, "Interpersonal Mechanisms for the Maintenance of Self-Criticism: Expressive Suppression, Emotion Expression, and Self-Concealment" [In eng], *Current Psychology 41, no. 6* (2022), 4027-40, https://doi.org/10.1007/s12144-020-00920-z.

43 Charles Duhigg, *The Power of Habit: Why We Do What We Do in Life and Business* (New York: Random House, 2012).

44 Atribuida a Albert Ellis; más información disponible en http://www.rebtnetwork.org/whatis.html.

45 Karen Horney, *Neurosis and Human Growth: The Struggle toward Self-Realization* (Routledge, 2013).

46 Alexander C. Jensen, Shawn D. Whiteman, Karen L. Fingerman, y Kira S. Birditt, "'Life Still Isn't Fair': Parental Differential Treatment of Young Adult Siblings", *Journal of Marriage and Family 75, no. 2* (2013), 438-52, https://doi.org/10.1111/jomf.12002.

Capítulo 8

47 Peggy O'Mara, "A Lantern for Lori", *Mothering Magazine 128* (January-February 2005), 8-12.

48 Alexander C. Jensen, et al., "'Life Still Isn't Fair': Parental Differential Treatment of Young Adult Siblings".

49 Julianne Holt-Lunstad, "Why Social Relationships Are Important for Physical Health: A Systems Approach to Understanding and Modifying Risk and Protection" [In eng], *Annual Review of Psychology 69* (2018), 437-58, https://doi.org/10.1146/annurev-psych-122216-011902.

50 Randal D. Day, *Introduction to Family Processes. 5 ed.*

51 Randal D. Day, *Introduction to Family Processes. 5 ed.*

52 Amanda S. Morris, Michael M. Criss, Jennifer S. Silk, y Benjamin J. Houltberg, "The Impact of Parenting on Emotion Regulation During Childhood and Adolescence".

53 Adam R. Aron, "From Reactive to Proactive and Selective Control: Developing a Richer Model for Stopping Inappropriate Responses", *Biological Psychiatry 69*, no. 12 (2011), e55-e68, https://doi.org/10.1016/j.biopsych.2010.07.024.

54 Nastassia J. Hajal y Blair Paley, "Parental Emotion and Emotion Regulation: A Critical Target of Study for Research and Intervention to Promote Child Emotion Socialization", *Developmental Psychology 56, no. 3* (2020), 403-17, https://doi.org/10.1037/dev0000864.

Capítulo 9

55 Eileen Kennedy-Moore, "Lifting the Burden of Potential: Helping Children Develop a Healthy Perspective on Achievement", *Psychology Today* (November 28, 2011), https://jeanspathways.com/lifting-burden-potential-helping-children-develop-healthy-perspective-achievement/

56 Nancy W. Comstock, "Active Listening," *Salem Press Encyclopedia* (Salem Press, 2022).

57 Jude Cassidy y Phillip R Shaver, *Handbook of Attachment: Theory, Research, and Clinical Applications*, (New York: The Guilford Press, 2008).

Capítulo 10

58 "Disciplina", OxfordLanguages, Oxford University Press, 2022.

59 Robert D. Sege, Benjamin S. Siegel, Council on Child Abuse, Emalee G. Flaherty, Amy R. Gavril, Sheila M. Idzerda, Antoinette Laskey, et al., *Effective Discipline to Raise Healthy Children* (Cengage Learning Gale, 2018).

60 Robert D. Sege, et al., *Effective Discipline to Raise Healthy Children.*

61 "Educar", OxfordLanguages, Oxford University Press, 2022.

62 Robert D. Sege, et al., *Effective Discipline to Raise Healthy Children.*

63 Marchelle Scarnier, Toni Schmader, y Brian Lickel, "Parental Shame and Guilt: Distinguishing Emotional Responses to a Child's Wrongdoings" [In eng], *Personal Relationships 16, no. 2* (2009), 205-20, https://doi.org/10.1111/j.1475-6811.2009.01219.x.

Capítulo 11

64 "Castigo", OxfordLanguages, Oxford University Press, 2022.

65 "Consecuencia", OxfordLanguages, Oxford University Press, 2022.

66 Daniel T. L. Shek, Diya Dou, Xiaoqin Zhu, y Wenyu Chai, "Positive Youth Development: Current Perspectives", *Adolescent Health, Medicine and Therapeutics 10* (2019), 131-41, https://doi.org/10.2147/AHMT.S179946.

Capítulo 12

67 James Baldwin, *Nobody Knows My Name* (Knopf Doubleday Publishing Group, 2013).

68 Mengya Xia, "Different Families, Diverse Strengths: Long-Term Implications of Early Childhood Family Processes on Adolescent Positive Functioning" [In eng], *Developmental Psychology 58, no. 10* (2022), 1863-74, https://doi.org/10.1037/dev0001401.

Capítulo 13

69 Dap Louw y Anet Louw, *Child and Adolescent Development, Second edition.*

70 Allan Wigfield, Susan L. Lutz, y A. Laurel Wagner, "Early Adolescents' Development across the Middle School Years: Implications for School Counselors", *Professional School Counseling 9, no. 2* (2005), 112-19, https://www.jstor.org/stable/42732654.

71 Daniel T. L. Shek, Diya Dou, Xiaoqin Zhu, y Wenyu Chai, "Positive Youth Development: Current Perspectives".

72 Pierre Pichére, *Maslow's Hierarchy of Needs: Gain Vital Insights into How to Motivate People* (50 Minutes, 2015).

Capítulo 14

73 Daniel T. L. Shek, Diya Dou, Xiaoqin Zhu, y Wenyu Chai, "Positive Youth Development: Current Perspectives".

74 Kevin B. Meehan y Elizabeth Zick, "Parental Humility", *Parenting: Contemporary Clinical Perspectives*, ed. Steven Tuber (Lanham, MD: Rowman & Littlefield Publishers, 2016), 101-13.

Capítulo 15

75 Zhengguang Liu, Ronald E. Riggio, David V. Day, Chanjin Zheng, Shenghai Dai, y Yufang Bian, "Leader Development Begins at Home: Overparenting Harms Adolescent Leader Emergence", *Journal of Applied Psychology 104, no. 10* (2019), 1226, https://doi.org/10.1037/apl0000402.

Agradecimientos

A Andrew: ¿qué haría sin ti? Mi amado, cómplice y compañero de paternidad. Segura estoy de que cuando nuestras hijas piensan en amor, protección e integridad, piensan en ti. El liderazgo más grande que claramente llevas en el corazón es el de la paternidad.

Gracias por ser el motor principal para que yo terminara este libro. No puedo expresar en palabras tu confianza en mí y tu apoyo incondicional. ¡Tu tenacidad, perseverancia y creatividad me sorprenden cada día más! Podría escribir un libro solo de tus ideas. Te amo.

A mis padres, quienes me han dado siempre uno de los mejores regalos que puede darse a una persona: han creído en mí. Gracias por su ejemplo, por ser fieles a su matrimonio. Mis hermanos y yo tenemos los mejores recuerdos de nuestra niñez gracias a su esfuerzo y a siempre habernos mostrado amor incondicional. Agradezco tanto que nos hayan criado siendo completamente independientes de ustedes pero plenamente dependientes de Dios. Son una de las mayores inspiraciones de mi vida.

A mi papá: qué legado tan increíble de un "amor de padre" nos has dejado, no solo a tus hijos, sino ahora a tus ocho nietos. Tu paciencia, tu sencillez, tu sentido del humor, tu presencia y en especial tu valentía y tus oraciones por nosotros han sido esenciales para mantenernos a flote en momentos cruciales.

A mi mamá: eres una mujer de una sola pieza, llena de energía, amorosa, perseverante, y fiel a tus convicciones. Gracias por criarnos con dignidad y disciplina y por todas tus aportaciones a este libro como profesional de la educación.

A mis suegros: muchas gracias por su confianza, amor y apoyo incondicional en cada una de las etapas de nuestra familia. El tiempo y enseñanza que dedican a sus nietas es invaluable. Ellas aprenden de ustedes cosas realmente hermosas. ¡Gracias! Los amo.

Mi corazón reboza de gratitud por el hecho de que nuestras hijas tengan la bendición de crecer junto a sus cuatro abuelitos. Amo que sus ojitos los vean con tanta admiración porque para mí, son dignos de imitarse. Definitivamente los acuerdos de crianza a los que mi esposo y yo hemos llegado han sido, además de la preparación, la combinación de intentar aplicar lo mejor de nuestras familias de origen.

A mi hermana Vero: siempre te he dicho que Dios nos hizo hermanas porque sabía que nos íbamos a amar tanto que no podíamos ser solo amigas. Aún así, ¡eres mi mejor amiga! Que obsequio tan bello ha sido crecer a tu lado. He aprendido tanto de tu fortaleza y lealtad. Gracias por ser la hermana mayor que necesitaba. Juntas hemos reído y llorado, nos hemos desvelado y hemos amado a los hijos de la otra como propios. ¡Qué increíble que hasta en nuestra maternidad hemos sido cómplices!

A mi hermano Eddie: ¿quién no desearía tener un hermano como tú? El mejor médico, siempre positivo, presente, amando la vida, haciendo todo más sencillo, descomplicando las cosas con tu risa y ánimo. Desde que yo era niña, siempre has hecho de mi vida un camino más disfrutable y demasiado divertido. Tanta alegría es contagiosa para la vida de mis hijas.

A mi cuñado Alan: sabes lo mucho que te quiero, y disfruto demasiado verte en tu rol de tío. Gracias por el tiempo invertido en mis hijas y por tus incontables shows de magia que siempre nos sorprenden.

A mi cuñado David: me inspira tu paternidad. Que bueno ha sido Dios al permitirte romper patrones y convertirte en el papá admirable que eres hoy. ¡Te quiero, cuñado!

A mi cuñada hermosa Sara, a quien quiero tanto, mi única y preferida por siempre, la más organizada de todas: gracias por compartir conmigo tus logros y mis alegrías; así como a mis sobrinas, porque me has permitido amarlas y verlas crecer tan de cerca.

Durante los últimos 20 años, he tenido la fortuna de conocer a hombres y mujeres expertos en educación, crianza y liderazgo; personas completamente extraordinarias, de los cuales a muchos de ellos puedo llamar mis amigos y más, que eso, ¡mi familia! De otros he aprendido leyendo sus libros y escuchando sus clases, conferencias y talleres; y otro grupo representa a mis colegas en el día a día. Con muchos de ustedes he aprendido más escuchándolos y en ocasiones debatiendo algunas ideas que finalmente me llevan a recordar que las mentes brillantes no menosprecian las ideas; sino, más bien, las mismas nunca surgen de una sola persona. ¡Gracias!

José y Michelle Mayorquín, mis pastores: gracias por confiar en mí; por ser nuestros mentores y por su genuina amistad. Como familia, son una gran inspiración para nosotros. Su fortaleza y enseñanza nos hacen rebasar y llevar a otro nivel nuestros sueños que increíblemente por la gracia de Dios se cumplen. Es toda una aventura el servir y crecer juntos como familias. Gracias por todo el tiempo traducido en amor invertido a lo largo de estos 16 años.

A nuestra familia de La Roca: ¡qué familia tan más increíble! Imposible sería mencionarlos a cada uno por nombre. Quiero que sepan que inyectan demasiada esperanza y alegría a nuestras vidas.

A mis amigas: muchas de ustedes me han acompañado en esta gran aventura de ser madres. Gracias por ser dignas de confianza, por permitirme ser vulnerable en aquellos momentos difíciles que van de la mano con la maternidad. Con ustedes puedo compartir mis mejores y peores experiencias. Gracias también por amar a mis hijas; saben que son correspondidas. ¡Son una inspiración para mí! A muchas de ustedes, gracias por recordarme el privilegio tan grande que es ser madres.

A Edgar y Mardia: gracias por solidarizarse conmigo y creer en este libro.

A Justin y Angela: gracias por tener la virtud de la paciencia encriptada en sus corazones, por creer en este libro y darme todo el ánimo y apoyo posible para finalmente terminarlo. Justin, has hecho más que editar este libro. ¡Gracias!

A todos aquellos padres que llevan hijos en su corazón y que están leyendo este libro como una preparación llena de esperanza: tal vez no pueda abrazarlos físicamente, pero quiero que sepan que admiro su valentía al luchar por ser los mejores padres posibles para sus hijos.

Gracias también a muchos profesionales y padres con experiencia, quienes me han animado y dado su confianza para encontrar soluciones creativas a los desafíos que enfrentan las familias en la actualidad.

Y sobre todo, quiero darle gracias a Dios porque Él es quien nos capacita, por inspirarme a escribir éste libro, por conocer los anhelos de mi corazón y abrir puertas de oportunidad y provisión para llevar a cabo este sueño. Gracias a Él, quien es el dador de vida, nuestros hijos sí nacen con un manual bajo el brazo. El creador nos ha dejado un instructivo lleno de esperanza, coherencia y un profundo amor por nosotros. No olvides buscarle: Él sí tiene todas las respuestas.

Acerca de la autora

La Mag. Elena Soria nació en Baja California, México y es educadora, terapeuta familiar, conferencista y escritora, además de esposa y madre de tres. Ha formado parte del equipo de directivos de centros educativos desde el 2002, y ha trabajado desde el 2007 en consejería institucional y terapia familiar. Participa en el liderazgo de La Roca Comunidad Cristiana desde el 2007.

Tiene una licenciatura en educación preescolar y otra en teología y consejería bíblica. Estudió tres maestrías: psicología familiar, terapia infantil breve y educación Montessori. Sus especialidades y diplomados incluyen neuroeducación, psicoterapia infantil y post pandemia, desarrollo del cerebro adolescente e intervención psicológica en trastornos psicosomáticos.

A Elena le apasiona su vida en familia, además de auxiliar a padres a conectar con sus hijos, ser parte de la formación de nuevas generaciones y ayudar a las mujeres para recuperar su identidad. También disfruta participar en su iglesia y servir a la comunidad.

www.elenasoria.com

www.ingramcontent.com/pod-product-compliance
Lightning Source LLC
Chambersburg PA
CBHW072340090426
42741CB00012B/2862

9781949791754